Exotische Küche

Kenianische Küche

oder

Essen wie bei Mutter in Nairobi

Original Kochrezepte aus Ostafrika

M. Nader Asfahani

Die Autor und der Verlag bedanken sich bei allen, die sie mit Rezepten versorgt haben, damit dieses Buch auf dem deutschsprachigen Markt erscheinen konnte.

1. Auflage 1994 ☪ 2. Auflage 2000

Bearbeitung: Christina Khenkhar

Übersetzung, Gestaltung, Herstellung und Satz:

ASFAHANI VERLAG
Hausbrucher Straße 54 / D-21147 Hamburg
Federal Republic of Germany
Telefon (Anrufbeantworter) 040 7967951 Fax 040 7967955
e-Mail: asfahani-verlag@t-online.de

ISBN 3-927459-89-5

Exotische Küche
Kochbücher aus dem Süden

☺ Alle Rezepte sind für 3 bis 4 Personen gedacht

Sachregister

Kurze Informationen

Vorspeisen

Suppen

Eierspeisen

Reisgerichte

Fleisch- und Gemüsegerichte

Vegetarische Gerichte

Hülsenfrüchte

Geflügelgerichte

Fischgerichte

Soßen und Marinaden

Brot, Gebäck und Süßspeisen

Kurze Informationen

Chili

Wie man mit scharfen Chilis umgeht

Bevor Sie die Chilis anfassen, ziehen Sie bitte Gummihandschuhe an. Damit wird verhindert, dass die ätherischen Öle Ihnen Hautjucken verursachen. Außerdem berühren Sie nicht Ihre Augen während des Arbeitens mit Chili.

Chili nur mit kaltem Wasser waschen. Heißes Wasser kann manchmal bei getrocknetem Chili Dämpfe entwickeln, die die Augen und Schleimhäute reizen.

****

Butterfett (Ghee)

Das Butterfett, das in Asien und Afrika beim Kochen verwendet wird, ist auch in Deutschland erhältlich. Es wird unter dem Namen „Ghee“ oder „Ghiu“ in indischen Geschäften geführt. In arabischen Lebensmittelläden gibt es eine Butterfettsorte, die der indischen ähnelt. Sie ist unter dem Namen „Samn Hamwi“ geführt. Man kann auch das normale Butterfett (Butterschmalz) beim Kochen benutzen oder selber Butter klären.

Butter klären

Zutaten:

100 g ungesalzene Butter

So wird es gemacht:

☺ Butter in Würfel schneiden ➟ in einem Topf bei schwacher Hitze schmelzen lassen ➟ vom Herd nehmen ➟ den Schaum abschöpfen ➟ die klare Butter in eine Schüssel löffeln. Bodensatz nicht mit der geklärten Butter mischen.

Kenianisches Ghee (Butterfett)

Das kenianische Ghee wird aus frischer Milch hergestellt.

So wird es gemacht:

☺ Milch in einen Topf geben und kochen, dann die dickere Sahneschicht, die auf der Oberfläche der Milch entsteht, mit einem Schaumlöffel entfernen und in einen kleinen Topf geben ➞ Sahne kalt stellen (sie wird fest), dann Wasser darüber geben, kurz schütteln und das Wasser entfernen. Damit entfernt man die restliche Milch aus der Sahne ➞ Sahne zum Kochen bringen, dabei entsteht eine Fettschicht an der Oberfläche, diese Fettschicht (Butterfett) mit einem Schaumlöffel entfernen und in ein Glas geben. Nach dem Entfernen des Butterfetts (Ghee) bleibt im Topf eine braune Masse, die man wie Kekse essen kann.

****

Kokosnussmilch

Um Kokosnussmilch herstellen zu können, muß man zuerst das weiße Fruchtfleisch raspeln oder reiben.

Kokosnusspaste herstellen

1.Methode

☺ Fruchtfleisch einer Kokosnuss reiben ➞ in den Mixaufsatz einer Elektroküchenmaschine geben ➞ 1/4 Liter heißes Wasser darüber geben und mit hoher Geschwindigkeit mixen ➞ einen weiteren 1/4 Liter heißes Wasser dazugeben und weiter mixen, bis ein glatter Brei entstanden ist.

2. Methode

☺ Kokosnussfruchtfleisch von Hand reiben (oder fertig geriebene Kokosnuß verwenden) ➞ 1/2 Liter heißes

Wasser darüber geben ➟ mit einem Schneebesen oder Elektromixer kräftig schlagen.

Kokosnussmilch herstellen

☺ Ein Sieb mit einem Küchentuch auslegen ➟ Kokosnussbrei hineingeben ➟ mit einem Löffel kräftig pressen ➟ die Enden des Tuches zusammenhalten und kräftig wringen, damit die restliche Flüssigkeit aus dem Brei austropfen kann.

****

Curry-Kari

Das Wort „Curry“ stammt von dem persischen Wort „**Khordi**“ ab, das bedeutet Soße oder saftiges Fleisch. Dieses Wort „Khordi“ stammt wiederum von „Khordan“ ab. auf Deutsch übersetzt bedeutet das Wort „Essen“ oder „Trinken“.

Die Hauptgewürze jedes Currygerichts sind:
Kurkuma, getrockneter Koriander, Pfeffer, Nelkenpulver, Chilipulver, Ingwerwurzel und Knoblauch. In vielen Fällen werden Knoblauch und Ingwerwurzel mit etwas Salz in einem Mörser zu einer Paste verarbeitet.

****

Afrikanische und asiatische Zutaten und Spezialitäten

Acerola: Süßsauere bis sehr sauere 1 bis 3 cm große Kirschen, die nicht mit den hierzulande üblichen Kirscharten verwandt sind. Diese Sorte wird nicht importiert. Der Import beschränkt sich auf Saft zur Herstellung von Speiseeis und Marmelade.

Acar: Eingelegtes Gemüse

Achuete **oder** Annattosamen:
Annattosamen (in Pulverform) färben die Gerichte rötlich und geben ihnen einen milden Peperonigeschmack.

Adobado: Haltbar gemachte Fleischgerichte in Essig und Knoblauch.

Agar Agar: Seegras

Alamang: Sehr kleine Krabbenart.

Amarant:
Amarant wird wie Spinat zubereitet. Leider sieht man diese Gemüsesorte selten auf den Märkten.

Annone:
Diese Obstsorte (Zitrusfrucht) sieht aus wie Artischocken oder große Beeren und hat keinen einheitlichen Namen. Weltweit gibt es über 100 Sorten von Annonen.In Deutschland gibt es 3 bzw. 4 Annonensorten:
Netzannonen Cherimoya (meistimportierte Sorte) und Stachelannonen.

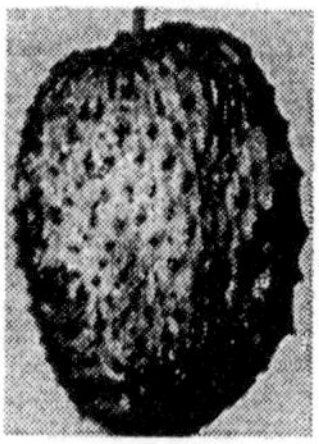

Stachelannone

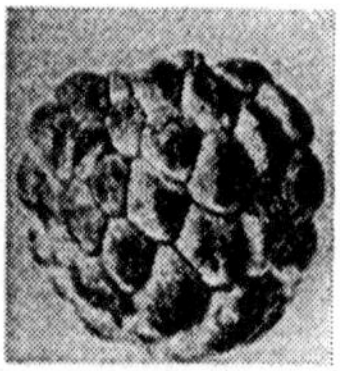

Schuppenannone

Apom: Gedämpfter Reiskeks (hergestellt aus Reismehl und Backpulver)

Asam gelugor:
In Streifen geschnittene und getrocknete Tamarinde

Auberginen
Außer den üblichen Angeboten an dunklen Sorten (ca. 20 Sorten) gibt es weiße, gelbe und grüne runde Auberginen, diese Sorten werden zu bestimmten Jahreszeiten importiert.
Grüne Auberginen werden afrikanische Auberginen genannt, sie werden auch unter dem Namen Antroewa in manchen Feinkostgeschäften angeboten.

Batate-Süßkartoffel oder weiße Kartoffel-
Batate werden das ganze Jahr auf dem deutschen Markt angeboten, trotzdem ist die Süßkartoffel hierzulande wenig bekannt.

Belacan: Paste hergestellt aus gesalzenen und gegarten Krabben.

Belimbing wird auch Karambole oder Sternfrucht genannt: Obstsorte die frisch oder in Obstsalat gegessen wird.

Bohnen (getrocknete Sorten):

Spargelbohnen oder Augenbohnen auch bekannt als Schwarze-Augen-Bohnen

Adzukibohnen dunkelbraun mit weißen Streifen

Bohnen (frische Sorten). Außer dem üblichen Angebot an Bohnen auf dem deutschen Markt, gibt es gelegentlich folgende Sorten:
Bobbybohnen (Ägypten), **Borlottibohnen** (Italien), **Cocobohnen,** bekannt als *Breite Bohnen*, **Kidneybohnen** oder *Rote Bohnen,* **Schwarze Bohnen** (Südamerika), **Limabonen**, **Spaghetti-Bohnen**, **Wachtelbohnen**, **Adzukibohnen**, **Reisbohnen**, **Urdbohnen** und **Mungbohnen**.

Bohnenpaste (Inti Kacang):
Bohnenpaste wird aus zerdrückten Sojabohnen, Reismehl und Salz hergestellt. Es gibt verschiedene Sorten, die am meisten verwendeten Sorten sind gelbe und rote Bohnenpaste.

Bohnenquark (Tauhu):
Bekannt als Tofu. Tofu wird aus Sojabohnen hergestellt, die Herstellung braucht viel Zeit. In den meisten asiatischen Lebensmittelläden gibt es verschiedene Sorten Bohnenquark.

Buah Keras (Kerzennüsse):
Diese Sorte ist bekannt in Südostasien. Die Früchte sind ca. 3 cm groß und man verwendet sie zum Andicken von Gerichten, vor allem von Currygerichten.

Celosie oder **Amaranthaceae:**
Blattgemüse, ähnlich wie Amarant. Es gibt rote und grüne Celosie.

Chayote (Eierkürbis) auch *Chocho* oder *Christofine* genannt:
Eine Chayotefrucht wiegt ca. 250 bis 300 g. Chayotefleisch wird als Salat oder als Kochgemüse gegessen.

Flaschenkürbis:
Das ganze Jahr über auf dem deutschen Markt erhältlich. Sie sehen aus wie große Zucchini und haben eine hellgrüne Farbe. Flaschenkürbis wird als Kochgemüse verwendet. Kleine Flaschenkürbisse werden auch türkische Zucchini genannt.

Maniok oder *Cassava*: Kochgemüse. Das ganze Jahr über auf dem deutschen Markt erhältlich.

Matoke oder Plantain: Grüne Kochbananen.

Okra: Kochgemüse.

Yam: Knollen, die man wie Kartoffeln kochen und essen

kann.

Palmölnüsse:
bekommt man ab und zu bei einigen afrikanischen Lebensmittelhändlern (Afro-Shop).

Pfeilwurz (Arrowroot): Wird als Kochgemüse verwendet.

Panocha:
Dunkelbrauner Rohrzucker, wird zu Sirup verarbeitet und in Kokosnusshälften aufbewahrt und verkauft.

Reisfadennudeln (Beehonn)

Tapioka: Sago aus der Maniokwurzel.

Andere asiatische Zutaten:
Reisblätter, Reisnudeln, Glasnudeln (Sohoon oder Tanghoon) getrockneter Fisch, Anchoviepaste (Sardellenpaste) Bohnensprossen, Sojasoße, Fischsoße, Austernsoße, getrocknete Krabben,
klebriger Reis (Bruch- oder Milchreis),
getrockneter Tintenfisch,
Taroblätter u.v.a.

Gewürze und Gewürzpflanzen

Chilis (siehe auch Seite 7):
In manchen asiatischen Lebensmittelläden gibt es sehr scharfe Chilis.

Egusi - Melonenkerne

Fünfgewürze: Orientalische Gewürzmischung

Galangal (Lenguas), aus der Familie der Ingwerwurzel.

Garam Masala: Indische Gewürzmischung

Gelbwurzel (nicht in Pulverform), wird ab und zu auf dem deutschen Markt angeboten

Gelbwurzelpulver oder Kurkuma

Ingwerwurzel Ingwerpulver

Koriander (wird auch „chinesische Petersilie“ genannt): Die Blätter sehen wie Petersilienblätter aus, aber sie riechen und schmecken sehr kräftig.

Patminger (Gewürzpflanze, als Ersatz kan man Petersilie oder Zitronengras verwenden)

Siebengewürze: Orientalische Gewürzmischung

Sumak: Gewürz aus dem Orient, schmeckt säuerlich

Zitronengras: Importiert wird das Zitronengras ganzjährig. Man findet diese Sorte ab und zu auf den Märkten.

Vorspeisen

Gekochte Matoke in Milch

Zutaten:

5 bis 6 Kochbananen (Matoke-Plantain), schälen, waschen und in dicke Scheiben schneiden
Salz und Pfeffer
Milch

So wird es gemacht:

☺ Kochbananen in eine Pfanne geben und mit Milch bedecken ➡ salzen und pfeffern ➡ Pfanne zudecken und kurz zum Kochen bringen, dann bei schwacher Hitze ca. 25 Minuten köcheln lassen ➡ heiß servieren.

✲✲✲✲✲✲✲✲✲✲✲

Gebratene Matoke

Zutaten:

Kochbananen (Matoke-Plantain), Menge nach Belieben, schälen, waschen, abtrocknen, halbieren und der Länge nach schneiden
Öl, zum Braten

So wird es gemacht:

☺ Öl in einer Pfanne erhitzen ➡ Kochbananen in das Öl geben und braun braten ➡ aus der Pfanne nehmen ➡ abtropfen lassen und servieren.

✲✲✲✲✲✲✲✲✲✲✲

Matoke in Butter

Zutaten:

5 Kochbananen (Matoke-Plantain), schälen
1 Zwiebel, hacken
Salz und Pfeffer
4 bis 5 Esslöffel Butter

So wird es gemacht:

☺ Kochbananen in einen Topf geben ➟ mit Wasser bedecken und gar kochen ➟ in ein Sieb geben und abtropfen lassen.
☺ Butter in einem Topf zerlassen ➟ Zwiebeln dazugeben und goldbraun dünsten ➟ gekochte Bananen dazugeben und mit einer Gabel zerkleinern ➟ salzen und pfeffern und gut vermengen ➟ Topf zudecken und bei schwacher Hitze ca. 10 Minuten köcheln lassen, bis die Mischung braun ist ➟ heiß mit eingelegten Zutaten servieren.

****

Gefüllte Matoke

Zutaten:

3 bis 4 Kochbananen (Matoke-Plantain), schälen und zerkleinern
Eine 3/4 bis 1 Tasse Mehl
1 Zwiebel, hacken
1 Ei, aufschlagen, in eine Schale geben und verrühren
150 bis 200 g Hackfleisch
2 Esslöffel gehackte Petersilie
Salz und Pfeffer
ca. 1 Tasse Paniermehl
Öl, zum Braten

So wird es gemacht:

☺ Kochbananen in einen Topf geben ➟ mit Wasser bedecken und gar kochen ➟ in ein Sieb geben ➟ abtropfen lassen ➟ in eine Schale geben und pürieren ➟ Mehl, Salz und Pfeffer darüber geben und gut vermengen, dann auf eine bemehlte Arbeitsplatte geben und flach ausrollen ➟ aus dem Teig mit Hilfe eines Glases Kreise ausstechen ➟ Öl in einer Pfanne erhitzen und die Kreise braten ➟ aus dem Öl nehmen und warm halten.

☺ Zwiebeln braun braten ➟ aus der Pfanne nehmen und abkühlen lassen, dann Ei, Petersilie, Paniermehl, Salz und Pfeffer dazugeben und gut vermengen ➟ Hackfleisch untermengen und gar braten.

☺ Hackmischung auf die Hälfte der gebratenen Teigkreise verteilen, dann die andere Hälfte darauf legen und heiß mit Salat servieren.

****

Matoke mit Tomaten

Zutaten:

4 Kochbananen (Matoke-Plantain), schälen und würfeln
1 kleine Zwiebel, fein hacken
1 große Tomate, Haut anritzen, mit kochendem Wasser überbrühen, Haut abziehen, halbieren, Samen entfernen und hacken
Salz und Pfeffer
Öl

So wird es gemacht:

☺ Kochbananen in einen Topf geben, mit Wasser bedecken und gar kochen ➟ in ein Sieb geben und abtropfen lassen, dann pürieren.

☺ Etwas Öl in einem Topf erhitzen ➟ Zwiebeln dazugeben und glasig dünsten ➟ Tomaten untermengen und dünsten, bis viel Flüssigkeit verdampft ist ➟ Kochbananenpüree dazugeben, salzen und pfeffern und gut vermengen, dann bei schwacher Hitze köcheln lassen, bis das Püree heiß ist.

****

Scharfe Matoke

Zutaten:

4 bis 5 Kochbananen (Matoke-Plantain), schälen und vierteln
1 Zwiebel, hacken
2 Esslöffel gehackter Koriander
1 Esslöffel Zitronensaft
1 kleine Chilischote
Salz und Pfeffer
Butter oder Butterfett

So wird es gemacht:

☺ Kochbananen in eine Schale geben ➟ Zitronensaft in eine Tasse Wasser geben und verrühren, über die Kochbananen geben und beiseite stellen.

☺ Butter oder Butterfett in einer Pfanner zerlassen ➟ Zwiebeln dazugeben und glasig dünsten ➟ Chili und Koriander unterheben und 1 Minute dünsten ➟ salzen und pfeffern ➟ Kochbananen mit Zitronensaft darüber geben ➟ soviel Wasser oder Brühe dazugeben, bis die Bananen bedeckt sind ➟ Pfanne zudecken und bei schwacher Hitze ca. 25 Minuten köcheln lassen, bis die Bananen gar sind ➟ heiß servieren.

****

Matoke in Kokosnussmilch

Zutaten:

4-5 Kochbananen (Matoke-Plantain), schälen und vierteln
Kokosnussmilch von 1 Kokosnuss (siehe Seite 8)
Salz zum Abschmecken

So wird es gemacht:

☺ 1½ Tassen Kokosnussmilch in einem Topf zum Kochen bringen ➟ Kochbananen dazugeben ➟ Topf zudecken und bei schwacher Hitze köcheln lassen, bis die Kochbananen gar sind. Evtl. etwas Kokosnussmilch dazugeben ➟ mit etwas Salz abschmecken und mit Erdnusssoße servieren.

****

Süßkartoffelbällchen

Zutaten:

2-3 große Süßkartoffeln, waschen (nicht schälen)
1 Ei, aufschlagen und verrühren
2-3 Esslöffel Maismehl (oder normales Mehl)
Salz und Pfeffer
Öl zum Braten

So wird es gemacht:

☺ Süßkartoffeln gar kochen ➟ schälen, in eine Schale geben und pürieren ➟ Mehl und Ei darüber geben und gut vermengen ➟ mit Salz und Pfeffer abschmecken und zu kleinen Bällchen formen.
☺ Öl in einer Pfanne erhitzen ➟ Süßkartoffeln dazugeben und goldbraun braten ➟ aus der Pfanne nehmen ➟ abtropfen lassen und servieren.

****

Gebratene Süßkartoffeln

Zutaten:

250 g Süßkartoffeln, waschen (nicht schälen)
Salz
Öl zum Braten

So wird es gemacht:

☺ Süßkartoffeln in einen Topf geben ➟ mit Wasser bedecken und 8 bis 9 Minuten kochen lassen (halb gar kochen) ➟ in ein Sieb geben und abkühlen lassen ➟ schälen und in Scheiben schneiden.
☺ Öl in einer Pfanne erhitzen ➟ Kartoffelscheiben dazugeben und goldbraun braten ➟ aus der Pfanne nehmen ➟ abtropfen lassen, mit etwas Salz bestreuen und servieren.
✱ Auf die gleiche Art kann man Cassava, Yam, Kochbananen oder Pfeilwurz vorbereiten.

✲✲✲✲✲✲✲✲✲✲✲

Süßkartoffeln mit Würstchen

Zutaten:

3 mittelgroße Süßkartoffeln, schälen, waschen und reiben
250 g Gewürzwurst, pellen und fein hacken
Salz und Pfeffer
Evtl. Maismehl, zum Binden
Öl, zum Braten

So wird es gemacht:

☺ Geriebene Süßkartoffeln und gehackte Wurst in eine Schale geben und gut vermengen ➟ salzen und pfeffern ➟ Mischung zu kleinen Kugeln formen und flach drücken.
☺ Öl in einer Pfanne erhitzen ➟ zuerst einen Fladen braten. Falls er auseinanderfällt, Kartoffelmischung mit etwas Mehl binden, dann goldbraun braten und servieren.

✲✲✲✲✲✲✲✲✲✲✲

Gebratene Süßkartoffel mit Sesam

Zutaten:

3 Süßkartoffeln, waschen
1 Tasse Sesamkerne (Simsim)
1/4 Tasse Zucker
ca. 1/4 Tasse Mehl
1 Ei, aufschlagen, in eine Schale geben und verrühren
Öl, zum Braten

So wird es gemacht:

☺ Süßkartoffeln in einen Topf geben, mit Wasser bedecken und gar kochen ➟ in ein Sieb geben und abtropfen lassen, dann die Kartoffeln pellen, pürieren und abkühlen lassen.
☺ Kartoffelpüree mit Zucker und Ei vermengen und zu Bällchen formen.
☺ Mehl in eine Schale geben und mit etwas Wasser zu einem weichen Teig verrühren ➟ Sesamkerne dazugeben und gut vermengen.
☺ Etwas Öl in einer Pfanne erhitzen ➟ Kartoffelbällchen in die Teigmischung tauchen und goldbraun braten ➟ aus der Pfanne nehmen, abtropfen lassen und servieren.

❋❋❋❋❋❋❋❋❋❋❋

Gefüllte Süßkartoffelbällchen mit Hackfleisch

Zutaten:

500 g Süßkartoffeln, schälen, waschen und zerkleinern
100 bis 150 g Hackfleisch
2 Eier, aufschlagen, in eine Schale geben und verrühren
1 Zwiebel, fein hacken
1 Knoblauchzehe, mit etwas Salz zerdrücken
Salz, Pfeffer, Chilipulver, Nelkenpulver und Piment
1 Tasse Paniermehl, auf einem Teller verteilen
Öl, zum Braten

So wird es gemacht:

☺ Süßkartoffeln in einen Topf geben, mit Wasser bedecken und gar kochen ➟ in ein Sieb geben und abtropfen lassen ➟ die abgetropften Kartoffeln in eine Schale geben, abkühlen lassen und pürieren.

☺ Hackfleisch mit den Gewürzen gut vermengen und beiseite stellen.

☺ Öl in einer Pfanne erhitzen ➟ Zwiebeln dazugeben und dünsten, bis sie Farbe annehmen ➟ Knoblauchpaste untermengen und kurz dünsten ➟ Hackfleisch dazugeben und braten, bis die Flüssigkeit verdampft ist und das Hack Farbe annimmt ➟ Pfanne vom Herd nehmen und beiseite stellen.

☺ Kartoffelpüree zu kleinen Bällchen formen ➟ Zeigefinger in die Mitte drücken, damit ein Hohlraum entsteht ➟ Hohlraum mit Hackfleischmischung füllen und die Öffnung zudrücken ➟ Öl in einer Pfanne erhitzen, Kartoffelbällchen zuerst in Ei tauchen, dann in Paniermehl wälzen und braten ➟ heiß mit Salat servieren.

✲✲✲✲✲✲✲✲✲✲✲

Süßkartoffeln mit Hackfleisch

Zutaten:

3 mittelgroße Süßkartoffeln, waschen
150 g Hackfleisch
1 Zwiebel, fein hacken
1 bis 2 Knoblauchzehen, mit etwas Salz zerdrücken
2 bis 3 Eier, aufschlagen, in eine Schale geben und verrühren
1/2 Bund Petersilie, Blätter waschen und hacken
1½ Tassen Paniermehl, auf einem Teller verteilen
Salz und Pfeffer
Öl, zum Braten

So wird es gemacht:

☺ Süßkartoffeln in einen Topf geben, mit Wasser bedecken und gar kochen ➟ in ein Sieb geben und abtropfen lassen, dann pellen und pürieren.
☺ Öl in einer Pfanne erhitzen ➟ Zwiebeln dazugeben und glasig dünsten ➟ Knoblauchpaste, Petersilie, Salz und Pfeffer untermengen und kurz dünsten ➟ Hackfleisch untermengen und braten, bis die Flüssigkeit verdampft ist und das Hack Farbe annimmt ➟ Pfanne vom Herd nehmen und abkühlen lassen.
☺ Kartoffelpüree, ein Ei und 1/2 Tasse Paniermehl zum Hackfleisch geben und gut vermengen.
☺ Öl in einer Pfanne erhitzen ➟ Kartoffelmischung zu kleinen Bällchen formen, in Ei tauchen, dann in Paniermehl wälzen und goldbraun braten ➟ mit Salat servieren.

✻✻✻✻✻✻✻✻✻✻✻

Gebratene Süßkartoffeln mit Tomaten

Zutaten:

3 bis 4 Süßkartoffeln, waschen
3 bis 4 mittelgroße Tomaten, Haut anritzen, mit kochendem Wasser überbrühen, Haut abziehen, der Länge nach halbieren, Samen entfernen und hacken
Salz, Pfeffer und Chilipulver
Butter, Butterfett oder Margarine

So wird es gemacht:

☺ Süßkartoffeln in einen Topf geben, mit Wasser bedecken und gar (aber fest) kochen ➟ in ein Sieb geben, abtropfen lassen, pellen und in Scheiben schneiden.
☺ Butter, Butterfett oder Margarine in einer Pfanne zerlassen ➟ Kartoffelscheiben dazugeben und goldbraun braten ➟ Tomaten untermengen, mit Salz, Pfeffer und Chilipulver abschmecken und ca. 5 Minuten köcheln lassen.

****

Gebratener Mais und Cassava

Zutaten:

1 Maiskolben, grillen oder im Backofen backen, dann Maiskörner vom Kolben lösen und beiseite stellen
1 kleine Cassava, schälen
1/4 Tasse grob zerdrückte Erdnüsse
2 bis 3 Eier, aufschlagen, in eine Schale geben, verrühren und in 1 Tasse Milch auflösen
Butter oder Margarine

So wird es gemacht:

☺ Backofen auf 180°C vorheizen.
☺ Cassava in einen Topf geben, mit Wasser bedecken und gar kochen ➟ in ein Sieb geben und abtropfen lassen, dann in Scheiben schneiden.

☺ Backform mit Butter oder Margarine einfetten ➟ Cassavascheiben in die Backform schichten, dazwischen einige Maiskörner und Erdnüsse darauf verteilen ➟ die restlichen Nüsse und Maiskörner darauf verteilen ➟ Milch-Eigemisch daraufgeben und im Backofen 15 bis 20 Minuten backen, bis die Masse fest ist ➟ heiß servieren.

✲✲✲✲✲✲✲✲✲✲✲

Gebratene Peperoni

Zutaten:

250 g lange milde Peperoni, Stielansätze abschneiden und mit Hilfe eines Teelöffels Samen entfernen
je ca. 1/2 Teelöffel Kümmel, getrockneter Koriander, Kurkuma, zerdrückter Kardamomsamen, Nelkenpulver, schwarzer Pfeffer und Salz
Öl, zum Braten

So wird es gemacht:

☺ Öl in einer Pfanne erhitzen ➟ Gewürze dazugeben und kurz dünsten ➟ Peperoni dazugeben und dünsten, bis sie eine dunkle Farbe annehmen und weich sind ➟ aus der Pfanne nehmen, abtropfen lassen und mit Brot servieren.

✲✲✲✲✲✲✲✲✲✲✲

Gebratene Pfeilwurz

Zutaten:

1 große oder 2 kleine Pfeilwurz (falls erhältlich); Schälen, waschen und zerkleinern
1 Zwiebel, hacken
ca. 75 g Hackfleisch
2 Tassen Paniermehl
3 bis 4 Eier, aufschlagen, in eine Schale geben und verrühren
Salz, Pfeffer und Chilipulver
Öl, zum Braten

So wird es gemacht:

☺ Pfeilwurz in Salzwasser gar kochen, in ein Sieb geben, abtropfen und abkühlen lassen .
☺ Öl in einer Pfanne erhitzen ➟ Zwiebeln dazugeben und glasig dünsten ➟ Hackfleisch untermengen und braten, bis die Flüssigkeit verdampft ist und das Hack Farbe annimmt ➟ mit Salz, Pfeffer und Chilipulver abschmecken, vom Herd nehmen und abkühlen lassen.
☺ Gekochte Pfeilwurz in eine Schale geben und pürieren ➟ Hackfleischmischung, ca. 1/2 Tasse Paniermehl und einen Teil der verrührten Eier dazugeben und gut vermengen.
☺ Öl in einer Pfanne erhitzen ➟ Pfeilwurzmischung zu kleinen Bällchen formen ➟ Bällchen zuerst in Ei, dann in Paniermehl wälzen und goldbraun braten ➟ heiß oder kalt servieren.

****

Gebackener Mais mit Tomaten

Zutaten:

2 Tassen frische Maiskörner, gar kochen, in ein Sieb geben und abtropfen lassen
2 große Tomaten, Haut anritzen, mit kochendem Wasser überbrühen, Haut abziehen und in Scheiben schneiden
1/2 Tasse Paniermehl
Salz und Pfeffer
Butter oder Öl

So wird es gemacht:

☺ Backofen auf 200°C vorheizen.
☺ Backform mit Öl oder Butter einfetten ➟ Tomaten und Mais lagenweise (zuerst Tomaten) in die Backform geben ➟ Salz und Pfeffer darüberstreuen ➟ Paniermehl darüber verteilen und darüber einige Butterflocken. Backform in den Backofen schieben und die Temperatur auf 180°C reduzieren ➟ 25 bis 30 Minuten backen lassen und heiß servieren.

Ugali-Maispudding

Zutaten:

1 Tasse Maismehl
2 Tassen Wasser
Salz und Pfeffer

So wird es gemacht:

☺ Wasser in einem Topf zum Kochen bringen ➟ Mehl nach und nach dazugeben und ständig rühren (ca. 15 Minuten), bis eine feste, aber weiche Masse entstanden ist ➟ abschmecken und zu Suppen oder anderen Gerichten servieren.

✲✲✲✲✲✲✲✲✲✲✲

Suppen

Gemüsesuppe

Zutaten:

1/4 Tasse zerkleinerte Bohnen
1/4 Tasse frische Erbsen
2 große Kartoffeln, schälen, waschen und in kleine Würfel schneiden
2 Mohrrüben, schälen, waschen, der Länge nach halbieren und zerkleinern
2 Zwiebeln, hacken
4 bis 5 Tassen Wasser
1 Bund Petersilie, Blätter waschen und grob hacken
Salz, Pfeffer, Chilipulver, Piment, Paprikapulver und getrockneter Koriander (nach Geschmack)
Butter oder Öl

So wird es gemacht:

☺ Öl in einem Topf erhitzen ➟ Zwiebeln dazugeben und glasig dünsten ➟ Petersilie und Gewürze dazugeben und kurz dünsten ➟ Gemüse dazugeben, gut vermengen, Wasser darüber geben und zum Kochen bringen, dann bei schwacher Hitze ca. 25 Minuten köcheln lassen, bis das Gemüse gar ist ➟ Suppe mit eine Küchenmaschine pürieren oder durch ein Sieb geben ➟ 2 bis 3 Esslöffel Butter in die Suppe geben, umrühren und abschmecken ➟ 1 bis 2 Minuten erhitzen und servieren.

****

Variante 2

Zutaten:

3 Selleriestangen, zerkleinern
1 bis 2 Karotten, schaben, waschen und zerkleinern
Eine Handvoll frische Erbsen
2 bis 3 Lauchzwiebeln, zerkleinern
3 Tomaten, hacken
3 Tassen Brühe
Petersilie, zum Garnieren
1 Knoblauchzehe, mit etwas Salz zerdrücken
Salz, Pfeffer, Chilipulver, Kümmel, und Paprikapulver
1 Esslöffel Mehl
Butter

So wird es gemacht:

☺ 1 Esslöffel Butter in einem Topf zerlassen ➟ Gemüse (außer Tomaten) dazugeben und dünsten, bis es Farbe annimmt, dann aus dem Topf nehmen und beiseite stellen ➟ einen zweiten Esslöffel Butter in den Topf geben und zerlassen ➟ Tomaten dazugeben und kurz dünsten, dann Gemüse, Knoblauchpaste, Gewürze und Brühe dazugeben und umrühren ➟ abschmecken und zum Kochen bringen, dann bei schwacher Hitze köcheln lassen, bis das Gemüse gar ist ➟ Suppe in eine Servierschale geben und mit Petersilie garnieren.

✲✲✲✲✲✲✲✲✲✲✲

Erdnusssuppe

Zutaten:

1/2 Tasse geröstete Erdnüsse, feine Schalen entfernen, in einen Mörser geben und zerdrücken
1 Zwiebel, fein hacken
je 1½ Tassen Wasser und Milch
Salz und Pfeffer
Butter oder Margarine

So wird es gemacht:

☺ 1 bis 2 Esslöffel Butter oder Margarine in einem Topf zerlassen ➟ Zwiebeln dazugeben und glasig dünsten ➟ Wasser darüber geben und zum Kochen bringen ➟ Erdnusspaste dazugeben und umrühren, dann bei schwacher Hitze ca. 25 Minuten köcheln lassen, bis die Soße dicker wird ➟ abschmecken und Milch dazugeben ➟ Topfinhalt erhitzen (nicht zum Kochen bringen) und servieren.

✲✲✲✲✲✲✲✲✲✲✲

Eierspeisen

Gemüse-Omelett

Zutaten:

3 Eier, aufschlagen, in eine Schale geben und verrühren
1 lange milde Peperoni, Stielansatz entfernen, der Länge nach halbieren, Samen entfernen und zerkleinern
Einige gekochte grüne Bohnen, zerkleinern
2 bis 3 Esslöffel gekochte Erbsen
2 gekochte Kartoffeln, zerkleinern
1 kleine Zwiebel, fein hacken
1 Tomate, Haut anritzen, mit kochendem Wasser überbrühen, Haut abziehen und hacken
1 Esslöffel gehackte Petersilie
1 Knoblauchzehe, mit etwas Salz zerdrücken
Salz, Pfeffer, getrockneter Koriander und Chilipulver
Butter oder Öl

So wird es gemacht:

☺ Butter oder Öl in einer großen Pfanne erhitzen ➟ Zwiebeln dazugeben und glasig dünsten ➟ Knoblauchpaste und Peperoni untermengen und dünsten, bis die Peperonistücke und die Zwiebeln Farbe annehmen ➟ Tomaten dazugeben und dünsten, bis die Flüssigkeit fast verdampft ist ➟ mit Salz, Pfeffer, Chilipulver und Koriander abschmecken ➟ alle anderen Gemüsesorten untermengen und 5 bis 6 Minuten braten ➟ Eier über das Gemüse geben und braten, bis die Eier von beiden Seiten gestockt sind ➟ heiß mit Brot und Salat servieren.

****

Omelett

Zutaten:

2 bis 3 Eier, aufschlagen, in eine Schale geben und verrühren
Salz, Pfeffer und Chilipulver
3 Esslöffel Butter oder Öl
Zu den Eiern kann man eine gehackte Schalotte oder andere Zutaten, z.B. Lauchzwiebel, Tomate, gekochten Fisch, Hackfleisch, Zucchini, Schinken, Auberginen usw. geben und unterrühren

So wird es gemacht:

☺ Schalotten oder andere Zutaten zu den Eiern geben, gut verrühren und abschmecken.
☺ Butter oder Öl in einer Pfanne erhitzen ➡ Eigemisch dazugeben und braten, bis die Ränder braun sind, dann umdrehen und weiter braten, bis die zweite Oberfläche braun ist ➡ heiß mit Brot und Salat servieren.

****

Pfannkuchen mit Süßkartoffeln

Zutaten:

1 Süßkartoffel, waschen, kochen, pellen und mit einer Gabel zerdrücken
1 Tasse Mehl, sieben
1 Päckchen Backpulver
1 Ei, aufschlagen, in eine Schale geben und verrühren
1 bis 2 Esslöffel Zucker
1 Teelöffel Zitronensaft
Butter oder Öl, zum Braten

So wird es gemacht:

☺ Mehl, Backpulver und Zucker in eine Schale geben und gut vermischen ➟ Süßkartoffel und Ei in die Mitte geben ➟ etwas Wasser und Zitronensaft darübergeben und zu einem etwas flüssigen Teig verkneten.
☺ Öl oder Butter in einer Pfanne erhitzen ➟ Teig mit einem großen Löffel in das heiße Öl geben und von beiden Seiten goldbraun braten ➟ heiß servieren.

✲✲✲✲✲✲✲✲✲✲✲

Pfannkuchen mit Mais

Zutaten:

1 Tasse frische Maiskörner, gar kochen
2 Eier, aufschlagen, in eine Schale geben und verrühren
1 Esslöffel Sahne oder Milch
2 bis 3 Esslöffel Mehl
Salz und Pfeffer
Butter oder Öl, zum Braten

So wird es gemacht:

☺ Mais in einer Küchenmaschine fein pürieren ➟ alle anderen Zutaten (außer Butter oder Öl) dazugeben und gut vermengen ➟ Butter oder Öl in einer Pfanne erhitzen ➟ Maismischung dazugeben und von beiden Seiten goldbraun braten ➟ heiß servieren.

✲✲✲✲✲✲✲✲✲✲✲

Reisgerichte

Kokosnussreis (Wali wa Nazi)

Zutaten:

1 Kokosnuss, daraus Kokosnussmilch herstellen (siehe Seite 8)
1 Tasse Langkornreis, waschen, in eine Schale geben, mit Wasser bedecken und ca. 30 Minuten stehen lassen, dann in ein Sieb geben und abtropfen lassen
1 Zwiebel, fein hacken
3 Tomaten, Haut anritzen, mit kochendem Wasser überbrühen, Haut abziehen, der Länge nach halbieren, Samen entfernen und hacken
Salz und Pfeffer
Butter, Butterfett oder Öl

So wird es gemacht:

☺ Reis in einen Topf geben ➟ ca. 2 Tassen Kokosnussmilch und etwas Salz darübergeben ➟ Topf zudecken und kurz zum Kochen bringen, dann bei schwacher Hitze ca. 20 Minuten köcheln lassen, bis der Reis fast gar ist.
☺ Butter, Butterfett oder Öl in einem Topf erhitzen ➟ Zwiebeln dazugeben und dünsten, bis sie Farbe annehmen ➟ Tomaten, Salz und Pfeffer untermengen und dünsten, bis die Flüssigkeit verdampft ist.
☺ Zwiebelmischung zu dem Reis geben und gut vermengen ➟ abschmecken ➟ ca. 10 Minuten köcheln lassen, bis der Reis gar und trocken ist ➟ heiß zu Gemüse- oder Fleischgerichten servieren.

Kokosnussreis mit Fleisch

Zutaten:

1 Kokosnuss, daraus Kokosnussmilch herstellen (siehe Seite 8)
1 Tasse Langkornreis, waschen, in eine Schale geben, mit Wasser bedecken und ca. 30 Minuten stehen lassen, dann in ein Sieb geben und abtropfen lassen
250 g Fleisch, in kleine Würfel schneiden, waschen und abtropfen lassen
1 Zwiebel, hacken
1 große oder 2 kleine Tomaten, hacken
1 Esslöffel Tomatenmark, in etwas Wasser auflösen
1 bis 2 lange milde Peperoni, Stielansätze entfernen, der Länge nach halbieren, Samen entfernen und zerkleinern
ca. 1/4 Tasse frische Erbsen
Salz und Pfeffer
Butter oder Öl

So wird es gemacht:

☺ 2 Tassen Kokosnussmilch in einem Topf zum Kochen bringen ➟ Fleisch dazugeben ➟ salzen und pfeffern ➟ kochen lassen, bis die Fleischstücke gar sind ➟ Tomatenmark dazugeben und bei schwacher Hitze köcheln lassen.

☺ Öl oder Butter in einem Topf oder einer Pfanne erhitzen ➟ Zwiebeln und Peperoni dazugeben und dünsten, bis sie Farbe annehmen ➟ abschmecken ➟ Tomaten untermengen und dünsten, bis viel Flüssigkeit verdampft ist.

☺ Zwiebelmischung und Erbsen zum Fleisch geben und einige Minuten kochen lassen ➟ Reis dazugeben und gut vermengen. Eventuell Wasser dazugeben, bis die Flüssigkeit ca. 2 Fingerbreit über der Reismischung steht ➟ kurz zum Kochen bringen, dann bei schwacher Hitze köcheln lassen, bis der Reis gar und trocken ist ➟ heiß mit Salat servieren.

❃❃❃❃❃❃❃❃❃❃❃

Reis mit Hackfleisch

Zutaten:

2 Tassen Langkornreis, waschen, in eine Schale geben, mit Wasser bedecken und ca. 30 Minuten stehen lassen, dann in ein Sieb geben und abtropfen lassen
150 g Hackfleisch
2 Zwiebeln, fein hacken
3 Tomaten, hacken
1 Tasse gehackter Amarant. Ersatzweise Spinat
1 Knoblauchzehe, mit etwas Salz zerdrücken
2 Tassen Brühe
Salz, Pfeffer, Currypulver und Chilipulver
Butter oder Öl

So wird es gemacht:

☺ Etwas Butter oder Öl in einem Topf erhitzen ➟ Zwiebeln dazugeben und glasig dünsten ➟ Tomaten, Knoblauchpaste, Salz, Pfeffer, Curypulver und Chilipulver dazugeben und dünsten, bis viel Flüssigkeit verdampft ist ➟ Hackfleisch untermengen und braten ➟ Reis dazugeben und gut vermengen ➟ 2 Tassen Brühe darüber geben und umrühren ➟ abschmecken ➟ Topf zudecken und zum Kochen bringen, dann bei schwacher Hitze ca. 15 Minuten köcheln lassen ➟ Amarant oder Spinat untermengen ➟ ca. 15 Minuten köcheln lassen, bis der Reis gar und trocken ist ➟ heiß mit Salat servieren.

❀❀❀❀❀❀❀❀❀❀

Korianderreis

Zutaten:

1 Tasse Langkornreis, waschen, in eine Schale geben, mit Wasser bedecken und ca. 30 Minuten stehen lassen, dann in ein Sieb geben und abtropfen lassen
1 kleine Zwiebel, fein hacken
1 kleine scharfe Chilischote, Stielansatz entfernen, der Länge nach halbieren, Samen entferen und fein hacken
2 bis 3 Esslöffel gehackter Koriander. Ersatzweise 1 bis 1½ Teelöffel getrockneter Koriander
1 Teelöffel Kümmelsamen
Salz, Pfeffer, Piment und Nelkenpulver
Butterfett oder Butter und Öl

So wird es gemacht:

☺ 1 Esslöffel Butterfett, Butter oder Öl in einem Topf erhitzen ➡ Zwiebeln, Chili, Koriander, Kümmelsamen und Gewürze dazugeben und dünsten, bis die Zwiebeln Farbe annehmen ➡ Reis dazugeben und gut vermengen ➡ 2 Tassen kaltes Wasser, 1 Teelöffel Öl und Salz darüber geben und umrühren ➡ Topf zudecken und kurz zum Kochen bringen, dann bei schwacher Hitze köcheln lassen, bis der Reis gar und trocken ist ➡ heiß zu Fleischgerichten servieren.

❁❁❁❁❁❁❁❁❁❁

Einfacher Reis

Zutaten:

1 Tasse Langkornreis, waschen und abtropfen lassen
2 Tassen kaltes Wasser
1 Teelöffel Salz

So wird es gemacht:

☺ Reis, Wasser und Salz in einen Topf geben ➡ Topf zudecken und kurz zum Kochen bringen, dann bei schwacher Hitze ca. 25 Minuten köcheln lassen, bis der Reis gar und trocken ist ➟ heiß servieren.

❁❁❁❁❁❁❁❁❁❁❁

Erbsen mit Reis

Zutaten:

1 Tasse Langkornreis, waschen, in eine Schale geben, mit Wasser bedecken und ca. 30 Minuten stehen lassen, dann in ein Sieb geben und abtropfen lassen
2 Tassen Kokosnussmilch (siehe Seite 8)
1/2 Tasse frische Erbsen
1 Teelöffel Salz

So wird es gemacht:

☺ Erbsen in Salzwasser fast gar kochen ➟ in ein Sieb geben und abtropfen lassen.
☺ Reis und Kokosnussmilch in einen Topf geben ➟ Salz dazugeben und umrühren ➟ Topf zudecken und kurz zum Kochen bringen, dann bei schwacher Hitze ca. 20 bis 25 Minuten köcheln lassen ➟ Erbsen unterheben ➟ Topf zudecken und ca. 10 Minuten köcheln lassen, bis der Reis gar und trocken ist ➟ heiß mit Gemüse- oder Fleischgerichten servieren.

❁❁❁❁❁❁❁❁❁❁❁

Gefüllte Paprikaschoten mit Reismischung

Zutaten:

1/2 Tasse Langkornreis, waschen und abtropfen lassen
200 bis 250 g Hackfleisch
4 bis 5 grüne Paprikaschoten, rundherum um die Stiele Deckel ausschneiden und Samen entfernen
1 Zwiebel, hacken
2 bis 3 Tomaten, hacken
Salz, Pfeffer, Ingwerpulver, Currypulver und Piment
Öl oder Butter

So wird es gemacht:

☺ Backofen auf 180°C vorheizen.
☺ Reis in reichlich Salzwasser brodeln lassen, bis die Körner gar sind ➟ in ein Sieb geben und abtropfen lassen.
☺ Öl oder Butter in einem Topf erhitzen ➟ Zwiebeln dazugeben und glasig dünsten ➟ Tomaten, Hackfleisch, Salz, Pfeffer, Piment, Ingwerpulver und Currypulver dazugeben und gut vermengen, dann ca. 10 Minuten braten ➟ gekochte Reis dazugeben, gut vermengen, abschmecken und vom Herd nehmen.
☺ Paprikaschoten mit Reismischung füllen und mit der Öffnung nach oben in eine Backform stellen ➟ etwas Butter darauf geben und 20 bis 25 Minuten im Backofen backen, bis die Paprikaschoten gar sind.

Fleisch- und Gemüsegerichte

Fleischbeilage

Zutaten:

500 g Fleisch, würfeln, waschen und abtropfen lassen
2 Zwiebeln:
- 1 Zwiebel, in Scheiben schneiden
- 1 Zwiebel, hacken

1 Tomate, hacken
1 bis 2 Esslöffel Tomatenmark, in etwas Wasser auflösen
je 1/2 Teelöffel Ingwerpulver und Pfeffer
Salz und Chilipulver
Butter oder Öl

So wird es gemacht:

☺ Fleischwürfel, Zwiebelscheiben, Salz und Chilipulver in einen Topf geben, mit Wasser bedecken und gar kochen.

☺ Butter oder Öl in einem Topf erhitzen ➟ gehackte Zwiebeln dazugeben und glasig dünsten ➟ Tomaten, Salz und Ingwerpulver untermengen und dünsten, bis viel Flüssigkeit verdampft ist ➟ Fleisch mit Brühe und Tomatenmark dazugeben und umrühren ➟ Topf zudecken und kurz zum Kochen bringen, dann bei schwacher Hitze ca. 15 Minuten köcheln lassen ➟ heiß mit Reis oder Bohnengerichten servieren.

Filets in Gewürzsoße

Zutaten:

500 g Rinderfilets, würfeln, waschen und abtropfen lassen
500 g Tomaten, hacken
1 große oder 2 kleine Zwiebeln, hacken
7 bis 8 Knoblauchzehen und 4 bis 5 cm Ingwerwurzel, mit etwas Salz zerdrücken
1 Bund Koriander, Blätter waschen und hacken
je 1/2 Teelöffel Kümmelpulver, Zimtpulver und Kurkuma
Samen von 5 Kardamomkapseln, zerdrücken
1/2 Teelöffel schwarze Pfefferkörner
Salz
Butterfett (Ghee) und Öl

So wird es gemacht:

☺ Etwas Öl, Knoblauchpaste und Pfefferkörner in eine große Schale geben und vermengen ➟ Fleischstücke in der Marinade wälzen und über Nacht in der Marinade stehen lassen. Zwischendurch wenden.

☺ Butterfett in einem Topf zerlassen ➟ Zwiebeln dazugeben und dünsten, bis sie braune Farbe annehmen ➟ Tomaten untermengen und ca. 5 Minuten dünsten ➟ Gewürze dazugeben und dünsten, bis die Soße dicker wird ➟ Fleisch mit Marinade und ca. 1 Tasse Wasser zu der Soße geben und umrühren ➟ köcheln lassen, bis die Fleischstücke Farbe annehmen ➟ Topf zudecken ➟ köcheln lassen, bis das Fleisch gar ist. Falls die Soße sehr dickflüssig ist, mit etwas Wasser verdünnen ➟ ca. 5 Minuten vor dem Servieren Koriander untermengen ➟ heiß mit Reis oder Gemüse servieren.

Fleischeintopf mit Gemüse

Zutaten:

500 g Fleisch, würfeln, waschen und abtropfen lassen
2 Zwiebeln, hacken
3 bis 4 Kartoffeln, schälen, würfeln, waschen und abtropfen lassen
1 Blumenkohl, zerlegen, waschen und abtropfen lassen
1/2 Tasse frische Erbsen
1/2 Tasse frische Bohnen, zerkleinern und waschen
3 bis 4 Tomaten, hacken
4 Schalotten, in Streifen schneiden
1 kleine Chilischote, Stielansatz entfernen und fein hacken
1/2 Bund Koriander, Blätter waschen und hacken
Salz und Pfeffer
Öl oder Butter

So wird es gemacht:

☺ Etwas Öl in einem Topf erhitzen ➡ Zwiebeln dazugeben und glasig dünsten ➡ Fleischstücke dazugeben und braten, bis sie Farbe annehmen ➡ Tomaten, Chili, Salz und Pfeffer dazugeben und ca. 5 Minuten dünsten ➡ Fleischstücke fast mit Wasser bedecken und fast gar kochen ➡ Gemüse, Koriander und Schalotten dazugeben ➡ Topf zudecken und köcheln lassen, bis die Fleischstücke und das Gemüse gar sind ➡ heiß mit Reis servieren.

Fleisch mit Matoka

Zutaten:

500 g Fleisch, würfeln, waschen und abtropfen lassen
4 Kochbananen (Matoke-Plantain), schälen und zerkleinern
2 bis 3 Kartoffeln, schälen, würfeln und waschen
1 Zwiebel, hacken
Salz, Pfeffer und Chilipulver
Butter oder Öl

So wird es gemacht:

☺ Fleischstücke und Zwiebeln in einen Topf geben, mit Wasser bedecken, mit Salz, Pfeffer und Chilipulver abschmecken und gar kochen ➟ Kochbananen und Kartoffeln dazugeben und köcheln lassen, bis das Gemüse sehr gar ist ➟ Fleisch aus der Soße nehmen, in einen Servierteller geben und warm halten ➟ Gemüse mit Hilfe einer Gabel in der Soße pürieren ➟ abschmecken, über das Fleisch geben und heiß servieren.

❂❂❂❂❂❂❂❂❂❂❂

Variante 2

Fleisch mit Miraaru

Zutaten:

5 Kochbananen (Miraaru). Ersatzweise Matoke, schälen und halbieren
250 g Fleisch, würfeln, waschen und abtropfen lassen
2 Zwiebeln, hacken
3 Tomaten, Haut anritzen, mit kochendem Wasser überbrühen, Haut abziehen, der Länge nach halbieren, Samen entfernen und hacken
1 Tasse frische grüne Bohnen, zerkleinern und waschen
Salz und Pfeffer
Butter

So wird es gemacht:

☺ 2 bis 3 Esslöffel Butter in einem Topf zerlassen ➟ Zwiebeln dazugeben und goldbraun braten ➟ Fleischstücke dazugeben und braten, bis sie Farbe annehmen ➟ Tomaten untermengen ➟ salzen und pfeffern und zum Kochen bringen, dann bei mittlerer Hitze kochen lassen, bis die Fleischstücke gar sind ➟ Kochbananen und Bohnen dazugeben ➟ Topf zudecken, dann bei schwacher Hitze köcheln lassen, bis das Gemüse gar ist ➟ abschmecken und heiß servieren.

Fleisch und Kochbananen in Kokosnussmilch

Zutaten:

100 g Hackfleisch
4 Kochbananen (Matoke-Plantain), schälen und würfeln
1 Zwiebel, hacken
1 große oder 2 kleine Tomaten. hacken
1/2 Tasse frische Erbsen
ca. 3 Tassen Kokosnussmilch (siehe Seite 8)
Salz und Pfeffer
Öl oder Butter

So wird es gemacht:

☺ Etwas Öl oder 2 Esslöffel Butter in einem Topf erhitzen ➟ Zwiebeln dazugeben und goldbraun braten ➟ Hackfleisch dazugeben und braten, bis es Farbe annimmt ➟ salzen und pfeffern ➟ Tomaten, Kochbananen, Erbsen und 2 Tassen Kokosnussmilch dazugeben und kurz zum Kochen bringen, dann bei schwacher Hitze ca. 30 Minuten köcheln lassen, bis das Gemüse und das Fleisch fast gar sind ➟ die restliche Kokosnussmilch darüber geben ➟ Topf zudecken und gar kochen ➟ abschmecken ➟ Gemüse pürieren und heiß servieren.

Matokeeintopf (Kochbananeneintopf)

Zutaten:

6 bis 7 Kochbananen (Matoke-Plantain), schälen, halbieren und in Salzwasser einlegen
150 g Hackfleisch
1/2 Tasse Spinat oder Amarant, waschen und hacken
1 Knoblauchzehe, mit etwas Salz zerdrücken
2 Tomaten, hacken
1 Zwiebel, hacken
1 kleine Chilischote, Stielansatz entfernen und hacken
Salz und Pfeffer
Öl oder Butter

So wird es gemacht:

☺ Etwas Öl oder Butter in einem Topf erhitzen ➟ Hackfleisch, Tomaten, Zwiebeln, Knoblauchpaste und Chili dazugeben und braten, bis das Fleisch Farbe annimmt ➟ abschmecken ➟ Kochbananen untermengen, mit Wasser bedecken, Topf zudecken und zum Kochen bringen, dann bei schwacher köcheln lassen, bis das Gemüse fast gar ist ➟ Spinat oder Amarant unterheben und köcheln lassen, bis das Gemüse gar ist ➟ heiß servieren.

❂❂❂❂❂❂❂❂❂❂❂

Variante 2

Zutaten:

150 g Fleisch, in Würfel schneiden, waschen und abtropfen lassen
3 Kochbananen, schälen und vierteln
1 Zwiebel, hacken
2 Tomaten, hacken
2 bis 3 Kartoffeln, schälen, würfeln und waschen
Eine Handvoll frische Erbsen
1 Esslöffel gehackter Koriander
Salz und Pfeffer
Öl oder Butter

So wird es gemacht:

☺ Öl oder Butter in einem Topf erhitzen ➟ Zwiebeln dazugeben und glasig dünsten ➟ Fleischstücke dazugeben ➟ salzen und pfeffern, dann braten, bis die Fleischstücke knusprig sind ➟ die restlichen Zutaten untermengen und kurz braten, dann mit Wasser bedecken und kochen lassen, bis das Gemüse gar ist. Falls viel Flüssigkeit verdampft ist, etwas Wasser darüber geben ➟ Topfinhalt pürieren ➟ abschmecken und heiß servieren.

❂❂❂❂❂❂❂❂❂❂

Variante 3

Zutaten:

150 bis 200 g Fleisch, in kleine Stücke schneiden, waschen und abtropfen lassen
4 Kochbananen (Matoke-Plantain), schälen und vierteln
3 lange milde Peperoni, Stielansätze entfernen, der Länge nach halbieren, Samen entfernen und zerkleinern
2 Karotten, schaben, waschen und zerkleinern
4 bis 5 Kartoffeln, schälen, würfeln und waschen
Eine Handvoll frische Erbsen oder zerkleinerte Bohnen
4 Tomaten, Haut anritzen, mit kochendem Wasser überbrühen, Haut abziehen, der Länge nach halbieren, Samen entfernen und hacken
1 kleine Chilischote, Stielansatz entfernen und fein hacken
1 Teelöffel Currypulver
1 Teelöffel gemischte Gewürze: Kümmel, Nelkenpulver, getrockneter Koriander, Piment und Zimt
Salz und Pfeffer
Öl oder Butter

So wird es gemacht:

☺ Fleischstücke, etwas Öl und Gewürzen in eine Schale geben, gut vermengen und beiseite stellen.

☺ Etwas Öl oder Butter in einem Topf erhitzen ➟ Zwiebeln dazugeben und glasig dünsten ➟ Fleischstücke mit Marinade, Currypulver, Salz und Pfeffer dazugeben und knusprig braten ➟ Tomaten, Gemüse und etwas Wasser dazugeben und gut vermengen ➟ abschmecken ➟ Topf zudecken und gar kochen. Falls nötig, etwas Wasser darüber geben ➟ heiß servieren.

❂❂❂❂❂❂❂❂❂❂

Gemüseeintopf

Zutaten:

2 Kochbananen (Matoke-Plantain oder Miraaru), schälen und zerkleinern
1 kleine Yam, schälen, würfeln, waschen und abtropfen lassen
1/2 Tasse frische Erbsen
1/2 Tasse frische Bohnen, waschen und zerkleinern
1 kleine Pfeilwurz. Ersatzweise 1 weiße Rübe, schälen, würfeln und waschen
1 bis 2 Karotten, schaben, waschen und zerkleinern
3 bis 4 Kartoffeln, schälen, würfeln und waschen
Eine Handvoll zerkleinerter und gewaschener Blumenkohl
200 bis 250 g Fleisch, würfeln, waschen und abtropfen lassen
1 Zwiebel, in Scheiben schneiden
Salz, Pfeffer, Chilipulver, Piment, Kümmelpulver und getrockneter Koriander
Butterfett (Ghee)

So wird es gemacht:

☺ Butterfett in einem Topf zerlassen ➟ Zwiebeln dazugeben und goldbraun braten ➟ Fleischstücke dazugeben und braten ➟ mit Wasser fast bedecken und gar kochen ➟ Karotten, Bohnen und Erbsen dazugeben und ca. 10 Minuten garen ➟ alle anderen Gemüsesorten unterheben ➟ mit Salz, Pfeffer und Gewürzen abschmecken ➟ Topf zudecken und köcheln lassen, bis das Gemüse gar ist. Eventuell etwas Wasser darüber geben ➟ abschmecken und heiß servieren.

❂❂❂❂❂❂❂❂❂❂

Gegrillte Hammelrippchen

Zutaten:

500 g Hammelrippchen, waschen und abtropfen lassen
Saft einer Zitrone
2 Knoblauchzehen, mit etwas Salz zerdrücken
Salz, Pfeffer, getrockneter Koriander und Chilipulver
Öl

So wird es gemacht:

☺ Etwas Öl, Knoblauchpaste, Zitronensaft, Chilipulver, getrockneter Koriander, Salz und Pfeffer in eine Schale geben und gut vermengen ➟ Hammelrippchen in der Marinade wälzen und beiseite stellen.

☺ Über Grillfeuer grillen oder mit Marinade in eine Backform geben und im Backofen backen.

❂❂❂❂❂❂❂❂❂❂

Variante 2

Zutaten:

500 g Rippchen (Sorte nach Belieben), waschen und abtropfen lassen

Zutaten für die Marinade:

2 Knoblauchzehen und ca. 5 cm Ingwerwurzel, mit etwas Salz zerdrücken
2 Esslöffel gehackter Koriander. Ersatzweise 1 Teelöffel getrockneter Koriander
1 kleine Chilischote, hacken
1 Zwiebel, hacken
2 bis 3 Tomaten, hacken
2 Esslöffel Essig oder Zitronensaft
Salz, Pfeffer, Kümmelpulver, Piment, Oregano, Estragon, Nelkenpulver und getrockneter Thymian
Öl

So wird es gemacht:

☺ Alle Zutaten für die Marinade in eine Schale geben und miteinamder verrühren ➡ Rippchen in der Marinade wälzen und über Nacht stehen lassen. Zwischendurch wenden.
☺ Grill mit Holzkohle vorheizen und die Rippchen grillen ➡ heiß servieren.

❂❂❂❂❂❂❂❂❂❂❂

Gebackene Hammelrippchen

Zutaten:

500 g Hammelrippchen, am Stück, waschen und abtropfen lassen
Saft einer Zitrone
Salz, Pfeffer und Paprikapulver
Öl oder Butter

So wird es gemacht:

☺ Backofen auf 180°C vorheizen.

☺ Rippchen in eine Backform geben ➟ Zitronensaft, Pfeffer, Paprikapulver und etwas Öl oder Butter darüber geben und ca. 30 bis 40 Minuten im Backofen backen, dann salzen und weiter backen, bis das Fleisch gar ist. Zwischendurch Bratensaft über die Rippchen geben ➟ heiß mit Reis und Salat servieren.

Frikadellen

Zutaten:

250 bis 300 g Hackfleisch
1 Zwiebel, fein hacken
2 Esslöffel gehackte Petersilie
1 Esslöffel Mehl
Salz, Pfeffer und Chilipulver
Öl, zum Braten

So wird es gemacht:

☺ Hackfleisch mit Zwiebeln, Salz, Pfeffer, Chilipulver und Mehl in eine Schale geben und gut vermengen.
☺ Öl in einer Pfanne erhitzen.
☺ Hackfleischteig zu kleinen Bällchen formen und in dem heißen Öl goldbraun braten ➟ aus der Pfanne nehmen, abtropfen lassen und mit Brot und Salat servieren.

Frikadellen in Soße

Zutaten:

250 g bis 300 g Hackfleisch
1 kleine Zwiebel, fein hacken
1 Bund Lauchzwiebeln, fein hacken und waschen
1 lange milde Peperoni, Stielansatz entfernen, der Länge nach halbieren, Samen entfernen und fein hacken
1 Esslöffel gehackte Petersilie
1 Esslöffel gehackter Koriander
oder 1 Teelöffel getrockneter Koriander

1 Ei, aufschlagen, in eine Schale geben und verrühren
1 Esslöffel Mehl
Salz und Pfeffer
Öl, zum Braten

Zutaten für die Soße:

1 Zwiebel, hacken
2 Tomaten, Haut anritzen, mit kochendem Wasser überbrühen, Haut abziehen, der Länge nach halbieren, Samen entfernen und hacken
1 Esslöffel Tomatenmark, in 1 Tasse Wasser auflösen
1 kleine Chilischote, Stielansatz entfernen, der Länge nach halbieren, Samen entfernen und fein hacken
Salz, Pfeffer und Kurkuma
Butter oder Öl

So wird es gemacht:

☺ Etwas Öl in einer Pfanne erhitzen ➟ Zwiebeln, Lauchzwiebeln und Peperoni dazugeben und weich dünsten ➟ Gewürze dazugeben und gut vermengen ➟ vom Herd nehmen und abkühlen lassen.

☺ Zwiebelmischung abschmecken und zum Fleisch geben ➟ Ei und Mehl dazugeben und zu einem Teig verkneten ➟ Teig zu kleinen Bällchen formen.

☺ Etwas Öl in einer Pfanne erhitzen ➟ Fleischbällchen dazugeben und knusprig braten ➟ aus dem Öl nehmen, abtropfen lassen und warm halten.

❍ Soße herstellen:

☺ Etwas Butter oder Öl in einem Topf erhitzen ➟ Zwiebeln dazugeben und braun braten ➟ Tomaten und Chili dazugeben und dünsten, bis viel Flüssigkeit verdampft ist ➟ Tomatenmark darüber geben und umrühren ➟ mit Salz, Pfeffer und Kurkuma abschmecken ➟ köcheln lassen, bis die Soße dicker wird ➟ Frikadellen in die Soße geben ➟ kurz erhitzen ➟ mit Reis oder Brot und Salat servieren.

❂❂❂❂❂❂❂❂❂❂❂

Geschmortes Gemüse mit Fleisch

Zutaten:

250 g Fleisch, würfeln, waschen und abtropfen lassen
1 kleine Zwiebel, fein hacken
1/2 Tasse zerkleinerte und gewaschene Bohnen
1/2 Tasse frische Erbsen
3 Kartoffeln, schälen, würfeln und waschen
1 bis 2 Karotten, schaben, waschen und zerkleinern
1 Sellerie, in Streifen oder Scheiben schneiden, waschen und abtropfen lassen
2 lange milde Peperoni, Stielansätze entfernen, der Länge nach halbieren, Samen entfernen und hacken
3 bis 4 Tomaten, hacken
1 Teelöffel Currypulver
1 Teelöffel gemischte Gewürze: Kümmel, Nelkenpulver, Piment, Oregano und getrockneter Koriander
Salz und Pfeffer
Öl oder Butter

So wird es gemacht:

☺ Etwas Öl oder Butter in einem Topf erhitzen ➟ Zwiebeln dazugeben und glasig dünsten ➟ Peperoni, Sellerie, Currypulver, Salz und Pfeffer dazugeben und die Zwiebeln goldbraun braten ➟ Fleischstücke dazugeben und braten, bis die Flüssigkeit verdampft ist ➟ ca. 1 Tasse Wasser darüber geben ➟ ca. 25 Minuten köcheln lassen, bis die Fleischstücke fast gar sind.

☺ Erbsen und Bohnen darüber geben. Falls wenig Flüssigkeit im Topf übriggeblieben ist, etwas Wasser darüber geben und zum Kochen bringen ➟ das restliche Gemüse, Tomaten und Gewürze (eventuell etwas Wasser) dazugeben und köcheln lassen, bis das Gemüse und die Fleischstücke gar sind ➟ heiß mit Salat und Reis servieren.

Geschmorte Matoke mit Fleisch

Zutaten:

4 bis 5 große Kochbananen (Matoke-Plantain), schälen, zerkleinern, in eine Schale geben und mit kaltem Wasser bedecken
200 bis 250 g Fleisch, in kleine Würfel schneiden, waschen und abtropfen lassen
1 kleine Chilischote, Stielansatz entfernen, der Länge nach halbieren, Samen entfernen und fein hacken
1 kleine Zwiebel, fein hacken
2 Tomaten, Haut anritzen, mit kochendem Wasser überbrühen, Haut abziehen, der Länge nach halbieren, Samen entfernen und hacken
1 Knoblauchzehe, mit etwas Salz zerdrücken
2 bis 3 Esslöffel gehackter Koriander oder 1 Teelöffel getrockneter Koriander
Salz, Pfeffer und Ingwerpulver
Öl oder Butter

So wird es gemacht:

☺ Öl oder Butter in einem Topf erhitzen ➡ Zwiebeln dazugeben und glasig dünsten ➡ Knoblauchpaste dazugeben und kurz dünsten ➡ Fleischstücke und Koriander untermengen und braten, bis sie Farbe annehmen ➡ Tomaten und Chili unterheben, köcheln lassen, bis viel Flüssigkeit verdampft ist ➡ Kochbananen aus dem Wasser nehmen und untermengen ➡ mit Wasser bedecken ➡ mit Salz, Pfeffer und Ingwerpulver abschmecken ➡ Topf zudecken und zum Kochen bringen, dann bei schwacher Hitze köcheln lassen, bis die Fleischstücke und die Kochbananen gar sind ➡ heiß servieren.

Geschmorte Yam und Fleisch

Zutaten:

1 mittelgroße oder 5 kleine Yams, schälen, würfeln, waschen und abtropfen lassen
250 g Fleisch, würfeln, waschen und abtropfen lassen
2 lange milde Peperoni, Stielansätze entfernen, der Länge nach halbieren, Samen entfernen und hacken
1 große Kartoffel, schälen, würfeln und waschen
1 bis 2 Karotten, schaben, waschen und reiben
1/2 Tasse zerkleinerte und gewaschene Bohnen
1/2 Tasse frische Erbsen
1 Zwiebel, hacken
2 Tomaten, hacken
2 Esslöffel gehackte Petersilie
1 Bund Koriander, Blätter waschen und hacken
1 Teelöffel Currypulver
Salz, Pfeffer und Chilipulver
1 Tasse Brühe
Öl oder Butter

So wird es gemacht:

☺ Öl oder Butter in einem Topf erhitzen ➡ Zwiebeln dazugeben und glasig dünsten ➡ Fleischstücke und Currypulver dazugeben und braten, bis die Flüssigkeit verdampft ist ➡ Tomaten, Yam, Kartoffeln, Peperoni, Bohnen, Erbsen und Petersilie untermengen ➡ mit Salz, Pfeffer und Chilipulver abschmecken, dann bei schwacher Hitze 6 bis 7 Minuten dünsten ➡ 1 Tasse Brühe und ca. 1 Tasse Wasser darüber geben ➡ Karotten dazugeben, Topf zudecken und kurz zum Kochen bringen, dann bei schwacher Hitze köcheln lassen, bis das Gemüse gar ist ➡ gehackten Koriander untermengen und ca. 5 Minuten köcheln lassen. Eventuell Wasser darübergeben ➡ heiß mit Reis oder Brot servieren.

Geschmorter Kürbis mit Fleisch

Zutaten:

3 Tassen zerkleinerter Kürbis
2 bis 3 Selleriestangen, der Länge nach halbieren, waschen und abtropfen lassen
1 bis 2 Lauchzwiebeln, in Streifen schneiden, waschen und abtropfen lassen
2 bis 3 Schalotten, in Streifen oder Scheiben schneiden
100 g Fleisch, in kleine Würfel schneiden, waschen und abtropfen lassen
Salz, Pfeffer und Chilipulver
Öl oder Butter

So wird es gemacht:

☺ Öl oder Butter in einem Topf erhitzen ➟ Kürbis, Sellerie, Schalotten und Lauchzwiebeln dazugeben und 5 bis 6 Minuten dünsten ➟ mit Salz, Pfeffer und Chilipulver abschmecken ➟ aus dem Topf nehmen und warm halten.

☺ Die Fleischwürfel im selben Topf knusprig braten ➟ mit Wasser bedecken und kochen lassen, bis die Fleischstücke weich sind ➟ mit Salz, Pfeffer und Chilipulver abschmecken ➟ das gedünstete Gemüse unterheben ➟ mit Wasser fast bedecken und 10 bis 15 Minuten köcheln lassen ➟ heiß mit Beilagen servieren.

Geschmorter Kohl mit Fleisch

Zutaten:

250 g Fleischwürfel, waschen und abtropfen lassen
1 kleiner Chinakohl, zerlegen, zerkleinern, waschen und abtropfen lassen
1 Zwiebel, hacken
2 Tomaten, hacken
1/2 Knoblauchzehe, mit etwas Salz zerdrücken
1 Bund Koriander, Blätter waschen und hacken
1 Teelöffel Currypulver
Salz und Pfeffer
Öl oder Butter

So wird es gemacht:

☺ Öl in einerm Topf erhitzen ➡ Zwiebeln dazugeben und glasig dünsten ➡ Fleischstücke und Knoblauchpaste untermengen und knusprig braten ➡ Tomaten, Koriander, Currypulver, Salz und Pfeffer dazugeben und gut vermengen ➡ ca. 5 Minuten köcheln lassen, dann die Chinakohlblätter unterheben ➡ ca. 10 bis 15 Minuten köcheln lassen, bis das Gemüse gar ist ➡ heiß servieren.

Geschmorter Blumenkohl mit Fleisch

Zutaten:

1 kleiner Kopf Blumenkohl, zerlegen, waschen und abtropfen lassen
250 bis 300 g Fleisch, in kleine Würfel schneiden, waschen und abtropfen lassen
1/2 Tasse frische Erbsen
1/2 Tasse gewürfelte und gewaschene Yam
1 bis 2 Kartoffeln, schälen, würfeln und waschen
2 lange milde Peperoni, Stielansätze entfernen, der Länge nach halbieren, Samen entfernen und hacken
1 Zwiebel, hacken
2 bis 3 Tomaten, Haut anritzen, mit kochendem Wasser

überbrühen, Haut abziehen und hacken (evtl. Samen entfernen)
Salz und Pfeffer
Öl oder Butter

So wird es gemacht:

☺ Öl oder Butter in einem Topf erhitzen ➡ Zwiebeln dazugeben und dünsten, bis sie Farbe annehmen ➡ Fleischstücke dazugeben und knusprig braten ➡ Tomaten, Peperoni, Erbsen, Kartoffeln und Yam dazugeben ➡ salzen und pfeffern ➡ gut vermengen und ca. 5 Minuten dünsten ➡ Blumenkohl unterheben ➡ etwas Wasser darüber geben ➡ Topf zudecken und köcheln lassen, bis das Gemüse gar, aber fest ist ➡ heiß mit Reis und Salat servieren.

❂❂❂❂❂❂❂❂❂❂

Geschmorte Pfeilwurz mit Fleisch

Zutaten:

1 Pfeilwurz, schälen, würfeln, waschen und abtropfen lassen
250 bis 300 g Fleisch, würfeln, waschen und abtropfen lassen
1 Zwiebel, hacken
2 Tomaten, Haut anritzen, mit kochendem Wasser überbrühen, Haut abziehen und hacken
1/2 Tasse frische Erbsen
1/4 Tasse zerkleinerte und gewaschene Bohnen
1 große Kartoffel, schälen, würfeln und waschen
2 lange milde Peperoni, Stielansätze entfernen, der Länge nach halbieren, Samen entfernen und hacken
Salz, Pfeffer und Chilipulver
Öl oder Butter

So wird es gemacht:

☺ Zwiebeln in heißem Öl oder Butter glasig dünsten ➟ Fleischstücke dazugeben und knusprig braten ➟ Tomaten untermengen und dünsten, bis viel Flüssigkeit verdampft ist ➟ Gemüse untermengen ➟ mit Salz, Pfeffer und Chilipulver abschmecken und gut vermengen, dann mit Wasser bedecken, Topf zudecken und kurz zum Kochen bringen, dann bei schwacher Hitze köcheln lassen, bis das Gemüse gar, aber fest ist. Eventuell etwas Wasser darüber geben ➟ heiß mit Reis und Salat servieren.

❂❂❂❂❂❂❂❂❂❂

Gewürztes Hackfleisch

Zutaten:

250 g Hackfleisch
1 Zwiebel, hacken
1 Tomate, hacken
1 Esslöffel Tomatenmark, in ca. einer Tasse Wasser auflösen
1 Knoblauchzehe und ca. 3 cm Ingwerwurzel, mit etwas Salz zerdrücken
2 Esslöffel gehackter Koriander oder 1 Teelöffel getrockneter Koriander
1/2 Teelöffel Currypulver
Verschiedene Gewürze (Menge nach Belieben):
Chilipulver, Nelkenpulver, Piment, Pfeffer und Oregano
Salz
Öl

So wird es gemacht:

☺ Öl oder Butter in einem Topf erhitzen ➟ Zwiebeln dazugeben und glasig dünsten ➟ Knoblauchpaste und Koriander untermengen und kurz dünsten ➟ Hackfleisch dazugeben und knusprig braten ➟ Tomaten, Gewürze und das aufgelöste Tomatenmark darüber geben und gut vermengen ➟ zum Kochen bringen, dann bei schwacher Hitze ca. 10 Minuten köcheln lassen. Falls die Soße sehr dickflüssig ist, etwas Wasser darüber geben ➟ heiß mit Reis oder Brot und Salat servieren.

❂❂❂❂❂❂❂❂❂❂❂

Geschmortes Fleisch

Zutaten:

300 bis 350 g Fleisch, würfeln, waschen und abtropfen lassen
3 Zwiebeln, in Streifen oder Scheiben schneiden
2 Esslöffel Tomatenmark, in 3 Tassen Wasser auflösen
1/2 Tasse frische Erbsen
2 lange milde Peperoni, Stielansätze entfernen, der Länge nach halbieren, Samen entfernen und hacken
Salz, Pfeffer, Currypulver, getrockneter Koriander, Chilipulver, Nelkenpulver und Piment
Öl oder Butter

So wird es gemacht:

☺ Öl oder Butter in einem Topf erhitzen ➟ Zwiebeln dazugeben und goldbraun dünsten ➟ Fleischstücke und Peperoni dazugeben und fast knusprig braten ➟ aufgelöstes Tomatenmark und Gewürze dazugeben und umrühren ➟ Topf zudecken und zum Kochen bringen, dann bei schwacher Hitze köcheln lassen, bis die Fleischstücke gar sind ➟ Erbsen dazugeben ➟ salzen und köcheln lassen, bis die Erbsen gar sind ➟ heiß mit Reis und Salat servieren.

❂❂❂❂❂❂❂❂❂❂❂

Variante 2

Zutaten:

300 bis 350 g Fleisch, würfeln, waschen und abtropfen lassen
2 Tomaten, hacken
1 Zwiebel, hacken
1 Bund Koriander, Blätter waschen und hacken
1 kleine Chilischote, Stielansatz entfernen und hacken
Salz und Pfeffer
Öl oder Butter

So wird es gemacht:

☺ Öl oder Butter in einem Topf erhitzen ➟ Zwiebeln dazugeben und glasig dünsten ➟ Fleischstücke untermengen und knusprig braten ➟ Tomaten, Chili und Koriander dazugeben und gut vermengen ➟ köcheln lassen, bis die Flüssigkeit fast verdampft ist ➟ ca. 2 Tassen Wasser darüber geben ➟ salzen und pfeffern ➟ Topf zudecken und zum Kochen bringen, dann bei schwacher Hitze köcheln lassen, bis das Fleisch gar ist ➟ heiß mit Reis, Gemüse und Salat servieren.

❂❂❂❂❂❂❂❂❂❂

Variante 3

Zutaten:

lecker m. Lamm

300 bis 350 g Fleisch, würfeln, waschen und abtropfen lassen
1 Zwiebel, hacken
2 Tomaten, hacken
2 lange milde Peperoni, Stielansätze entferen, der Länge nach halbieren, Samen entfernen und zerkleinern
1 große Kartoffel, schälen, würfeln und waschen
1 Knoblauchzehe und 3 bis 4 cm Ingwerwurzel, mit etwas Salz zerdrücken
2 Esslöffel gehackte Petersilie
je 1/4 Teelöffel Piment, Pfeffer, Oregano, Majoran und getrockneter Koriander

1 Teelöffel Currypulver
Salz und Chilipulver
Öl oder Butter

So wird es gemacht:

☺ Öl oder Butter in einem Topf erhitzen ➟ Kartoffeln dazugeben und braten ➟ aus dem Topf nehmen und beiseite stellen.

☺ Zwiebeln in das heiße Öl oder in die heiße Butter geben und glasig dünsten ➟ Knoblauchpaste und Koriander untermengen und kurz dünsten ➟ Fleischstücke dazugeben und braten, bis sie Farbe annehmen und die Flüssigkeit verdampft ist ➟ Kartoffeln, Peperoni, Tomaten, Petersilie und Gewürze dazugeben und gut vermengen ➟ mit Wasser bedecken und kurz zum Kochen bringen, dann bei schwacher Hitze köcheln lassen, bis die Fleischstücke weich sind ➟ heiß servieren.

Variante 4

Zutaten:

300 bis 350 g Lammfleisch, würfeln, waschen und abtropfen lassen
200 g gewürfelter Kürbis
1 Zwiebel, in Streifen oder Scheiben schneiden
2 Tomaten, Haut anritzen, mit kochendem Wasser überbrühen, Haut abziehen, der Länge nach halbieren, Samen entfernen und hacken
1 Knoblauchzehe und ca. 3 cm Ingwerwurzel, mit etwas Salz zerdrücken
1 kleine Chilischote, Stielansatz entfernen und hacken oder 1 kleine getrocknete Chilischote, zerdrücken
Salz, Pfeffer und getrockneter Koriander
Butterfett (Ghee), Butter oder Öl

So wird es gemacht:

☺ Butterfett, Butter oder Öl in einem Topf erhitzen ➟ Fleischstücke dazugeben und braten, bis sie Farbe annehmen ➟ Knoblauchpaste, Salz, Pfeffer und Koriander dazugeben und knusprig braten ➟ aus dem Topf nehmen und warm halten.

☺ Zwiebeln glasig dünsten ➟ Chili und Tomaten untermengen und dünsten, bis ein Teil der Flüssigkeit verdampft ist ➟ salzen und pfeffern ➟ Fleisch, Kürbis und ca. 1 Tasse Wasser darüber geben ➟ umrühren und Topf zudecken ➟ kurz zum Kochen bringen, dann bei schwacher Hitze köcheln lassen, bis die Fleischstücke und der Kürbis sehr gar sind ➟ abschmecken ➟ heiß mit Reis oder Gemüse servieren.

❂❂❂❂❂❂❂❂❂❂❂

Matoke mit Kutteln

Zutaten:

4 Kochbananen (Matoke-Plantain), schälen und in Scheiben schneiden
150 bis 250 g Kutteln (Pansen), zerkleinern, waschen und abtropfen lassen
1 Zwiebel, hacken
1 Knoblauchzehe, mit etwas Salz zerdrücken
1 kleine Yam, schälen, würfeln, waschen und abtropfen lassen
1 Teelöffel Currypulver
Salz und Pfeffer
Öl oder Butter

So wird es gemacht:

☺ Kutteln in Salzwasser ca. 20 bis 25 Minuten kochen ➟ in ein Sieb geben und abtropfen lassen.

☺ Öl oder Butter in einem Topf erhitzen ➟ Zwiebeln dazugeben und glasig dünsten ➟ Knoblauchpaste untermengen und kurz dünsten ➟ Kutteln dazugeben und braten ➟ Kochbananen und Yam untermengen ➟ ca. 2 Tassen Wasser darüber geben ➟ salzen und pfeffern ➟ Topf zudecken und kurz zum Kochen bringen, dann bei schwacher Hitze köcheln lassen, bis alle Zutaten gar sind ➟ heiß mit Reis oder Brot servieren.

Gefüllte Kutteln

Zutaten:

250 g Kutteln (große Stücke), waschen und abtropfen lassen
250 bis 300 g Hackfleisch
1/2 Tasse Kichererbsen, über Nacht in Wasser einweichen
1 kleine Zwiebel, fein hacken
1 Knoblauchzehe, mit etwas Salz zerdrücken
1 kleine Chilischote, Stielansatz entfernen, der Länge nach halbieren, Samen entfernen und hacken
Salz und Pfeffer
Öl

So wird es gemacht:

☺ Kichererbsen in einen Topf geben, mit kaltem Wasser bedecken und gar kochen ➟ in ein Sieb geben und abtropfen lassen.
☺ Öl in einer Pfanne erhitzen ➟ Zwiebeln dazugeben und dünsten, bis sie Farbe annehmen ➟ Knoblauchpaste, Chili und Hackfleisch untermengen und braun braten ➟ aus der Pfanne nehmen und abkühlen lassen.
☺ Kichererbsen zur Fleischmischung geben und gut vermengen,
☺ Kutteln in viereckige große Stücke schneiden und Füllung darauf verteilen ➟ eine Seite über die Füllung schlagen und die offenen Seiten mit Nadel und Faden zunähen.
☺ Grill mit Holzkohle füllen und anzünden ➟ warten, bis die Kohle nicht mehr raucht und glühend ist ➟ gefüllte Kutteln grillen (nicht so nah an das Feuer legen) ➟ Fäden abziehen, in Scheiben schneiden und heiß servieren.

Variante 2

Zutaten:

250 g Kutteln (große Stücke), waschen und abtrocknen
1/2 Tasse Reis, 1 bis 2 Stunden in Wasser einweichen, in ein Sieb geben und abtropfen lassen
1/4 Tasse Kichererbsen, über Nacht in Wasser einweichen
1 kleine Zwiebel, fein hacken
1/2 Bund Petersilie, Blätter waschen und hacken
1 Teelöffel getrockneter Koriander
1 Knoblauchzehe, mit etwas Salz zerdrücken
1 kleine Chilischote, Stielansatz entfernen, der Länge nach halbieren, Samen entfernen und hacken
Salz, Pfeffer, Piment und Currypulver
Öl

So wird es gemacht:

☺ Kichererbsen in einen Topf geben ➡ mit kaltem Wasser bedecken und gar kochen ➡ in ein Sieb geben und abtropfen lassen.
☺ Öl in einer Pfanne erhitzen ➡ Zwiebeln dazugeben und dünsten, bis sie Farbe annehmen ➡ Knoblauchpaste, Chili, Koriander und Petersilie untermengen und kurz dünsten ➡ Kichererbsen dazugeben und gut vermengen ➡ aus der Pfanne nehmen und abkühlen lassen ➡ Reis und Gewürze dazugeben und gut vermengen.
☺ Kutteln in viereckige große Stücke schneiden und Füllung darauf verteilen ➡ die eine Seite über die Füllung schlagen und die offenen Seiten mit Nadel und Faden zunähen.
☺ reichlich Wasser in einen Topf geben, salzen und zum Kochen bringen ➡ gefüllte Kutteln in das kochende Wasser geben und ca. 30 Minuten garen ➡ aus dem Wasser nehmen, abtropfen lassen und heiß servieren.

❂❂❂❂❂❂❂❂❂❂

Leber in Kokosnussmilch

Zutaten:

250 g Leber, in Streifen schneiden, dann die Streifen würfeln, waschen und abtropfen lassen
1 Kokosnuss, daraus Kokosnussmilch herstellen (siehe Seite 8)
1 Zwiebel, fein hacken
1 Tomate, Haut anritzen, mit kochendem Wasser überbrühen, Haut abziehen, der Länge nach halbieren, Samen entfernen und hacken
1/2 Knoblauchzehe, mit etwas Salz zerdrücken
Salz, Pfeffer, Nelkenpulver, getrockneter Koriander, Currypulver und Ingwerpulver
Öl

So wird es gemacht:

☺ Leberstücke in eine Schüssel geben, mit Gewürzen und Knoblauchpaste gut vermengen und beiseite stellen.

☺ Öl in einem Topf erhitzen ➟ Zwiebeln dazugeben und glasig dünsten ➟ Leber mit Gewürzen dazugeben und braten ➟ Tomaten und ca. 1½ Tassen Kokosnussmilch darüber geben ➟ Topf zudecken und zum Kochen bringen, dann bei schwacher Hitze köcheln lassen, bis die Leber gar ist ➟ abschmecken ➟ heiß mit Reis oder gekochten Kochbananen und Salat servieren.

Vegetarische Gerichte

Matoke in Koriandersoße

Zutaten:

5 bis 6 Kochbananen (Matoke-Plantain), schälen und in Scheiben schneiden
1 Zwiebel, zerkleinern
2 Tomaten, zerkleinern
1 Bund Koriander, Blätter waschen und hacken. Ersatzweise 2 Teelöffel getrockneter Koriander
1/2 Chilischote, fein hacken
je 1 Teelöffel Thymian und Oregano
Salz und Pfeffer
Öl

So wird es gemacht:

☺ Zwiebeln und Tomaten in eine Küchenmaschine geben und pürieren.
☺ Öl in einem Topf erhitzen ➟ Zwiebel-Tomatenmischung und Koriander dazugeben und 2 bis 3 Minuten dünsten ➟ Chili, Thymian, Oregano, Salz und Pfeffer darübergeben, gut vermengen und 2 bis 3 Minuten dünsten ➟ Kochbananen untermengen und bei schwacher Hitze köcheln lassen, bis viel Flüssigkeit verdampft ist ➟ ca. 2 Tassen Wasser darüber geben ➟ Topf zudecken und kurz zum Kochen bringen, dann bei schwacher Hitze ca. 15 Minuten köcheln lassen, bis die Bananen gar, aber noch fest sind ➟ heiß servieren.

****

Matokepüree

Zutaten:

6 bis 7 Kochbananen (Matoke-Plantain), schälen und zerkleinern
ca. 1/2 Tasse Wasser und ein paar Esslöffel Milch
Salz, Pfeffer und Currypulver
Butter

So wird es gemacht:

☺ Wasser, Kochbananen, Salz, Pfeffer und Currypulver in einen Topf geben und gar kochen ➟ 2 Esslöffel Butter und Milch dazugeben, pürieren und als Beilage servieren.

✱✱✱✱✱✱✱✱✱✱

Matoke in Kokosnussoße

Zutaten:

4 Kochbananen (Matoke-Plantain), schälen und in Scheiben schneiden
1 Tasse Kokosnussmilch (siehe Seite 8)
1 Zwiebel, hacken
2 Tomaten, hacken
Salz und Pfeffer
Öl oder Butter

So wird es gemacht:

☺ Öl oder Butter in einem Topf erhitzen ➟ Zwiebeln dazugeben und glasig dünsten ➟ Tomaten untermengen und dünsten, bis ein Teil der Flüssigkeit verdampft ist ➟ Bananen, Kokosnussmilch, Salz und Pfeffer dazugeben und umrühren ➟ abschmecken ➟ Topf zudecken und zum Kochen bringen, dann bei schwacher Hitze köcheln lassen, bis die Bananen gar, aber noch fest sind ➟ heiß servieren.

✱✱✱✱✱✱✱✱✱✱

Cassava in Kokosnussmilch

Zutaten:

1 Cassava, schälen, in dicke Scheiben schneiden, waschen und abtropfen lassen
1 Kokosnuss, daraus 2 Tassen Kokosussmilch herstellen (siehe Seite 8)
1 große Zwiebel, in Scheiben oder Streifen schneiden
2 Tomaten, Haut anritzen, mit kochendem Wasser überbrühen, Haut abziehen, der Länge nach halbieren, Samen entfernen und hacken
3 Knoblauchzehen und 1 kleine Chilischote (Stielansatz entfernen), mit etwas Salz in einen Mörser geben und zerdrücken
1 Teelöffel Currypulver
Salz

Gewürzmischung:

je 1/8 Teelöffel Koriandersamen, Kümmelsamen und Kardamomsamen
2 bis 3 Nelken
einige Pfefferkörner
1/2 Teelöffel Zimt
❍ Man kann statt der Gewürzmischung 2 Teelöffel Garam Masala (indische Gewürzmischung) nehmen und 1 Teelöffel Currypulver

So wird es gemacht:

☺ Gewürzmischung in einen Mörser geben und zerdrücken.
☺ Cassava, Zwiebeln und Tomaten in einen Topf geben.
☺ 1½ Tassen Kokosnussmilch in eine Schale geben ➟ Gewürzmischung, Knoblauchpaste, Currypulver und Salz dazugeben und umrühren ➟ über das Gemüse geben ➟ kaltes Wasser darüber geben, bis das Gemüse mit Flüssigkeit bedeckt ist ➟ Topf zudecken und zum Kochen bringen, dann bei schwacher Hitze köcheln lassen, bis die Cassava fast gar ist ➟ die restliche Kokosnussmilch darüber geben und ca. 10 Minuten köcheln lassen, bis die Cassava gar, aber fest ist ➟ heiß servieren.

Gebackene Cassava

Zutaten:

1 mittelgroße Cassava, schälen, in kleine Würfel schneiden, waschen und abtropfen lassen
2 Kartoffeln, schälen, würfeln, waschen und abtropfen lassen
Eine 3/4 Tasse geriebener Käse (Sorte nach Belieben)
1 Tasse Milch
Salz und Pfeffer
Butter

So wird es gemacht:

☺ Backofen auf 200°C vorheizen.
☺ Cassava und Kartoffeln in reichlich Salzwasser gar kochen ➟ in ein Sieb geben und abtropfen lassen ➟ in eine Schale geben und pürieren ➟ Milch und die Hälfte des geriebenen Käses dazugeben und gut vermengen ➟ abschmecken.
☺ Backform mit Butter einfetten ➟ Cassavapüree in die Form geben und verteilen ➟ den restlichen Käse darauf verteilen ➟ einige Butterflocken darauf verteilen und im Backofen backen, bis die Oberfläche braun ist ➟ heiß servieren.

❋❋❋❋❋❋❋❋❋❋❋

Geschmorte Pilze

Zutaten:

1 Tasse getrocknete Pilze, waschen
1 Tasse Milch
2 Zwiebeln, hacken
2 große Tomaten. hacken
Salz
Butter

So wird es gemacht:

☺ Butter in einem Topf zerlassen ➡ Zwiebeln dazugeben und goldbraun dünsten ➡ Tomaten und Salz dazugeben, umrühren und 2 bis 3 Minuten dünsten ➡ Pilze und ca. 1/2 Tasse Wasser dazugeben und 5 bis 6 Minuten kochen lassen ➡ Milch darüber geben ➡ ca. 25 Minuten köcheln lassen ➡ abschmecken und heiß mit Reis servieren.

❋❋❋❋❋❋❋❋❋❋

Pilze mit Blattgemüse

Zutaten:

1 Tasse Pilze (Sorte nach Belieben), waschen, abtropfen lassen, dann halbieren oder in Streifen schneiden (je nach Größe)
1½ Tassen Blattgemüse, z.B. Spinat, Amarant, Mangold oder Kresse, waschen und abtropfen lassen
1 große Zwiebel, in Scheiben schneiden
Salz und Pfeffer
Butter

So wird es gemacht:

☺ Blattgemüse in Salzwasser ca. 10 Minuten kochen ➡ in ein Sieb geben und abtropfen lassen.
☺ Butter in einem Topf zerlassen ➡ Zwiebeln dazugeben und glasig dünsten ➡ Pilze untermengen ➡ salzen und pfeffern ➡ 5 bis 6 Minuten dünsten, dann das gekochte Blattgemüse

unterheben und einige Minuten dünsten ➟ Milch und 3 bis 4 Esslöffel Butter darüber geben und ca. 10 Minuten köcheln lassen ➟ abschmecken ➟ heiß mit Reis servieren.

****

Pilze mit Tomaten

Zutaten:

2 Tassen frische Pilze, waschen, abtropfen lassen, in feine Scheiben schneiden, dann hacken
1 Zwiebel, hacken
2 Tomaten, hacken
1 Tasse Milch
Salz und Pfeffer
Butter

So wird es gemacht:

☺ 2 bis 3 Esslöffel Butter in einem Topf zerlassen ➟ Zwiebeln dazugeben und dünsten, bis sie Farbe annehmen ➟ Tomaten dazugeben und ca. 5 Minuten dünsten ➟ salzen ➟ Pilze dazugeben und gut vermengen ➟ köcheln lassen, bis viel Flüssigkeit verdampft ist ➟ 1 Tasse Wasser darüber geben ➟ Topf zudecken und zum Kochen bringen, dann bei schwacher Hitze 15 bis 20 Minuten köcheln lassen. Zwischendurch umrühren und falls nötig, etwas Wasser darüber geben ➟ Milch darübergeben und 10 Minuten köcheln lassen ➟ abschmecken und heiß servieren.

****

Spinat in Kokosnussmilch

Zutaten:

500 g Blattspinat, waschen und abtropfen lassen
1 Kokosnuss, daraus Kokosnussmilch herstellen (siehe Seite 8)
1/2 Tasse Erdnüsse, in einen Mörser geben und zerdrücken
1 große Zwiebel, hacken
2 Tomaten, hacken
1/2 kleine getrocknete Chilischote, zerdrücken
1 Knoblauchzehe, mit etwas Salz zerdrücken
1/2 Teelöffel getrockneter Koriander
1/4 Teelöffel Currypulver
Salz und Pfeffer
Öl

So wird es gemacht:

☺ Öl in einer Pfanne erhitzen ➡ Zwiebeln dazugeben und glasig dünsten ➡ Knoblauchpaste, Koriander und Currypulver dazugeben und kurz dünsten ➡ Tomaten untermengen und ca. 5 Minuten dünsten ➡ vom Herd nehmen und beiseite stellen.

☺ Spinat in einen Topf geben ➡ Erdnusspaste und Kokosnussmilch in eine Schale geben und gut vermengen ➡ über das Gemüse geben (das Gemüse muss fast bedeckt sein), kurz zum Kochen bringen, dann bei schwacher Hitze ca. 15 Minuten köcheln lassen ➡ Zwiebelmischung dazugeben, umrühren und abschmecken. Falls viel Flüssigkeit verdampft ist, etwas Kokosnussmilch oder Wasser darüber geben ➡ ca. 10 Minuten köcheln lassen, bis das Gemüse gar ist ➡ heiß servieren.

❊❊❊❊❊❊❊❊❊❊❊

Spinat in Milch und Erdnusspaste

Zutaten:

500 g Blattspinat, waschen und abtropfen lassen
1/2 Tasse Erdnüsse, in einen Mörser geben und zerdrücken
1 Tasse Milch
1 Zwiebel, hacken
1/2 Teelöffel Currypulver
1/2 Teelöffel getrockneter Koriander
Salz und Pfeffer
Butter und Öl

So wird es gemacht:

☺ ca. 1 Tasse Wasser in einen Topf geben ➞ salzen und zum Kochen bringen ➞ Spinat dazugeben und ca. 10 Minuten brodeln lassen ➞ in ein Sieb geben und abtropfen lassen.
☺ Milch und Erdnusspaste in eine Schale geben und gut vermengen.
☺ Öl in einem Topf erhitzen ➞ Zwiebeln dazugeben und glasig dünsten ➞ Koriander, Currypulver, Salz und Pfeffer darüber geben und kurz dünsten ➞ Spinat untermengen und einige Minuten dünsten ➞ Milchmischung und 2 bis 3 Esslöffel Butter darüber geben ➞ umrühren und ca. 10 Minuten köcheln lassen ➞ heiß mit Reis und Salat servieren.

****

Kenianischer Kohl

Zutaten:

1 kleiner Kohlkopf, zerlegen, in Streifen schneiden, dann zerkleinern, waschen und abtropfen lassen
1 kleine Zwiebel, hacken
2 Tomaten, hacken
Salz und Pfeffer
Öl

So wird es gemacht:

☺ Öl in einem Topf erhitzen ➟ Zwiebeln dazugeben und glasig dünsten ➟ Tomaten, Salz, Pfeffer und Kohl dazugeben und gut vermengen, dann bei schwacher Hitze dünsten, bis das Gemüse gar, aber noch fest ist. Eventuell ein paar Löffel Wasser darüber geben ➟ heiß mit Salat servieren.

✻✻✻✻✻✻✻✻✻✻

Variante 2

Zutaten:

1 kleiner Kohlkopf, zerlegen, in Streifen schneiden, dann die Streifen zerkleinern, waschen und abtropfen lassen
1 große Zwiebel, in Scheiben oder Streifen schneiden
3 Tomaten, hacken
2 Eier, aufschlagen, in eine Schale geben und verrühren
Salz und Pfeffer
Öl

So wird es gemacht:

☺ Reichlich Salzwasser in einen Topf geben und zum Kochen bringen ➟ Kohl dazugeben und ca. 5 Minuten brodeln lassen ➟ in ein Sieb geben und abtropfen lassen.
☺ Öl in einer großen Pfanne erhitzen ➟ Zwiebeln dazugeben und weich dünsten ➟ Tomaten, Salz und Pfeffer untermengen und bei schwacher Hitze ca. 10 Minuten dünsten ➟ Eier darübergeben und stocken lassen ➟ heiß mit Reis und Salat servieren.

✻✻✻✻✻✻✻✻✻✻

Gebackene Auberginen

Zutaten:

1 große Aubergine, schälen und in Scheiben schneiden
1 kleine Zwiebel, hacken
2 Tomaten, hacken
je 1 Teelöffel Majoran und Oregano
1 kleine getrocknete Chilischote, in einen Mörser geben und zerdrücken
1 bis 2 Esslöffel Mehl
3 bis 4 Esslöffel geriebener Käse (Sorte nach Belieben)
Salz und Pfeffer
3 bis 4 Esslöffel zerlassene Butter

So wird es gemacht:

☺ Backofen auf 200°C vorheizen, dann Temperatur auf 180°C reduzieren.

☺ Reichlich Salzwasser in einem Topf zum Kochen bringen ➡ Auberginen dazugeben und ca. 5 Minuten brodeln lassen ➡ in ein Sieb geben und abtropfen lassen.

☺ Butter, Zwiebeln, Tomaten, Oregano, Majoran, Chili, Salz und Pfeffer in einen Mixaufsatz geben und pürieren ➡ etwas Käse dazugeben und gut vermengen.

☺ Eine Auflaufform mit Butter einfetten ➡ etwas Püree darauf geben und verteilen ➡ Auberginen darauf verteilen und das restliche Püree darüber geben ➡ Käse darauf verteilen und ca. 20 Minuten im Backofen backen ➡ heiß servieren.

✻✻✻✻✻✻✻✻✻✻✻

Geschmorte Pfeilwurz

Zutaten:

1 mittelgroße Pfeilwurz (Arrowroot), schälen, in kleine Würfel schneiden, waschen und abtropfen lassen
2 Kartoffeln, schälen, in kleine Würfel schneiden und waschen
1 Zwiebel, hacken
Salz und Pfeffer
Öl

So wird es gemacht:

☺ Öl in einem Topf erhitzen ➟ Zwiebeln dazugeben und dünsten, bis sie Farbe annehmen ➟ Kartoffeln dazugeben, salzen und pfeffern und goldbraun braten ➟ Pfeilwurz untermengen und kurz braten ➟ mit Wasser bedecken ➟ abschmecken ➟ Topf zudecken und kurz zum Kochen bringen, dann bei schwacher Hitze köcheln lassen, bis das Gemüse sehr gar ist.

****

Kürbisblätter in Erdnusssoße

Zutaten:

500 g zarte Kürbisblätter, harte Stellen entfernen, in dünne Streifen schneiden, waschen und abtropfen lassen
1 Tasse Erdnüsse, feine Schale entfernen, in einen Mörser geben und zerdrücken. Ersatzweise Erdnussbutter verenden
1 Tasse Milch
1 große Zwiebel, hacken
3 Tomaten, hacken
1 Knoblauchzwiebel, mit etwas Salz zerdrücken
Salz, Pfeffer und Chilipulver
Butter

So wird es gemacht:

☺ Reichlich Salzwasser in einem Topf zum Kochen bringen ➟ Kürbisblätter dazugeben und 6 bis 7 Minuten brodeln lassen ➟ in ein Sieb geben und abtropfen lassen.
☺ Butter in einem Topf zerlassen ➟ Zwiebeln dazugeben und glasig dünsten ➟ Knoblauchpaste, Tomaten, Salz, Pfeffer und Chilipulver dazugeben und kurz dünsten ➟ Kürbisblätter und Milch dazugeben und umrühren ➟ Topf zudecken und ca. 10 Minuten köcheln lassen ➟ Erdnusspaste oder Erdnussbutter dazugeben und gut vermengen ➟ abschmecken ➟ ca. 5 Minuten köcheln lassen, bis das Gemüse gar ist ➟ heiß mit Reis oder Brot servieren.

❋❋❋❋❋❋❋❋❋❋

Kürbispüree mit Erdnusspaste

Zutaten:

500 g gewürfelter Kürbis
1/2 Tasse Erdnüsse, feine Schale entfernen, in einen Mörser geben und zu einer Paste zerdrücken
Salz und Pfeffer

So wird es gemacht:

☺ Kürbis in einen Topf geben ➟ 1 bis 1½ Tassen Wasser darüber geben und kochen, bis der Kürbis gar und nur etwas Wasser im Topf übriggeblieben ist ➟ Erdnusspaste, Salz und Pfeffer darüber geben ➟ gut vermengen und mit einer Gabel pürieren ➟ heiß oder kalt mit Brot servieren.

❋❋❋❋❋❋❋❋❋❋

Hülsenfrüchte

Irio

Pürierte Gerichte aus Mais, Bohnen und Gemüse

Zutaten:

3 Maiskolben, Körner vom Kolben lösen
200 bis 250 g grüne Bohnen, vierteln und waschen
Eine Handvoll Spinatblätter, hacken und waschen
2 bis 3 Kartoffeln, schälen, würfeln und waschen
Salz und Pfeffer

So wird es gemacht:

☺ Maiskörner in einen Topf geben, mit Wasser bedecken und gar kochen ➡ das restliche Gemüse, Salz und Pfeffer und etwas Wasser zum Mais geben und kochen lassen, bis das Gemüse gar ist ➡ in ein Sieb geben und abtropfen lassen, dann in eine Schale geben und pürieren ➡ abschmecken und heiß servieren.

❄❄❄❄❄❄❄❄❄❄❄

Gebratene Irio

Zutaten:

3 Maiskolben, Körner vom Kolben lösen
1/2 Tasse getrocknete Bohnen (Sorte nach Belieben, siehe Seite 11), waschen, in reichlich Wasser geben und über Nacht stehen lassen, dann in ein Sieb geben und abtropfen lassen
Eine Handvoll Spinatblätter, hacken und waschen
2 bis 3 Kartoffeln, schälen, würfeln und waschen
1 Tasse gewürfelter Kürbis
1 Zwiebel, hacken

1 Kochbanane (Matoke-Plantain), schälen und zerkleinern
1 Teelöffel Currypulver
Salz und Pfeffer
Butter, Öl oder Butterfett

So wird es gemacht:

☺ Mais und Bohnen in reichlich Salzwasser gar kochen ➟ in ein Sieb geben und abtropfen lassen. Ca. 1 Tasse Kochflüssigkeit aufbewahren.
☺ 3 bis 4 Esslöffel Öl, Butter oder Butterfett in einem Topf erhitzen ➟ Zwiebeln, Currypulver, Salz und Pfeffer dazugeben und glasig dünsten ➟ Kartoffeln und Kochbananen untermengen und braten, dann den Kürbis und die Spinatblätter dazugeben und 5 Minuten braten ➟ 1 Tasse Kochflüssigkeit darüber geben, kurz zum Kochen bringen, dann Mais und Bohnen unterheben ➟ Topf zudecken und bei schwacher Hitze 15 bis 20 Minuten köcheln lassen ➟ Topfinhalt pürieren ➟ in eine Servierschale geben und heiß mit Reis und Salat servieren.

❋❋❋❋❋❋❋❋❋❋❋

Hülsenfrüchte-Trio

Zutaten:

1/2 Tasse frische Maiskörner
1/4 Tasse Kidney-Bohnen
1/4 Tasse Augenbohnen
1/4 Tasse schwarze Bohnen (Njahe)
1/4 Tasse getrocknete Erbsen

❍ Getrocknete Bohnen und Erbsen waschen, über Nacht in kaltem Wasser einweichen, in ein Sieb geben und abtropfen lassen

4 bis 5 Kartoffeln, schälen, würfeln, waschen und abtropfen lassen
1 Esslöffel gehackter Koriander (Dhania)
Salz, Pfeffer und Chilipulver

So wird es gemacht:

☺ Mais, Erbsen und Bohnen in einen Topf geben ➟ mit Wasser bedecken und gar kochen (evtl. Schnellkochtopf verwenden) ➟ mit Salz, Pfeffer und Chilipulver abschmecken ➟ Kartoffeln und Koriander untermengen und gar kochen. Eventuell etwas Wasser darüber geben ➟ Topfinhalt pürieren, abschmecken und heiß servieren.

❄❄❄❄❄❄❄❄❄❄❄

Irio mit frischen Erbsen

Zutaten:

1 Tasse getrocknter Mais, über Nacht in kaltem Wasser einweichen, in ein Sieb geben und abtropfen lassen
1 Tasse frische Erbsen
6 bis 7 Kartoffeln, schälen, in kleine Würfel schneiden, waschen und abtropfen lassen
1 Zwiebel, hacken
Salz, Pfeffer und Chilipulver
Öl oder Butter

So wird es gemacht:

☺ Mais gar kochen, in ein Sieb geben und abtropfen lassen.
☺ Erbsen gar kochen, in ein Sieb geben und abtropfen lassen.
☺ Öl oder Butter in einem Topf erhitzen ➟ Zwiebeln dazugeben und glasig dünsten ➟ Kartoffeln untermengen ➟ Salz, Pfeffer und Chilipulver darüber geben und braten ➟ Mais und Erbsen dazugeben und pürieren ➟ heiß servieren.

❄❄❄❄❄❄❄❄❄❄❄

Irio mit Matoke

Zutaten:

2 Kochbananen (Matoke-Plantain), schälen und zerkleinern
1/2 Tasse frische Maiskörner
1/4 Tasse schwarze Bohnen (Njahe), über Nacht in kaltem Wasser einweichen
2 bis 3 Kartoffeln, schälen, in kleine Würfel schneiden, waschen und abtropfen lassen
1 Zwiebel, hacken
Salz, Pfeffer und Chilipulver
Öl oder Butter

So wird es gemacht:

☺ Bohnen und Mais gar kochen ➟ Kochbananen und Kartoffeln dazugeben und köcheln lassen, bis das Gemüse gar ist ➟ in ein Sieb geben und abtropfen lassen.
☺ Öl oder Butter in einem Topf erhitzen ➟ Zwiebeln dazugeben und dünsten, bis sie Farbe annehmen ➟ die gekochten Zutaten untermengen ➟ mit Salz, Pfeffer und Chilipulver abschmecken und pürieren ➟ heiß servieren.

✻✻✻✻✻✻✻✻✻✻

Mataha

Zutaten:

je 1/2 Tasse Kidney-Bohnen und rote Bohnen, über Nacht in kaltem Wasser einweichen, waschen, in ein Sieb geben und abtropfen lassen
1 Tasse frische Maiskörner (ersatzweise 1/2 Tasse getrocknete Maiskörner, über Nacht in kaltem Wasser einweichen, in ein Sieb geben und abtropfen lassen)
2 bis 3 Kartoffeln, schälen, würfeln und waschen
250 g Blattgemüse (Sorte nach Belieben z.B. Spinat, Mangold...), hacken, waschen und abtropfen lassen
Salz, Pfeffer und Chilipulver

So wird es gemacht:

☺ Bohnen gar kochen, in ein Sieb geben und abtropfen lassen.

☺ Maiskörner kochen lassen, bis sie fast gar sind ➟ Kartoffeln und Blattgemüse dazugeben, kochen lassen, bis alles gar ist ➟ in ein Sieb geben und abtropfen lassen.

☺ Bohnen und Maismischung gut vermengen und mit einer Gabel pürieren ➟ mit Salz, Pfeffer und Chilipulver abschmecken und heiß servieren.

✻✻✻✻✻✻✻✻✻✻✻

Linsen mit Reis und Kokosnuss

Zutaten:

1/2 Tasse dunkle Linsen, waschen und abtropfen lassen
1/2 Tasse Langkornreis, waschen, ca. 30 Minuten in kaltem Wasser einweichen, in ein Sieb geben und abtropfen lassen
1/2 Tasse geriebene Kokosnuss
1 Zwiebel, in Scheiben schneiden
1/2 Tasse Milch
Salz und Pfeffer
Öl oder Butter

So wird es gemacht:

☺ Linsen gar kochen, in ein Sieb geben und abtropfen lassen.

☺ Reichlich Wasser und 1 Teelöffel Salz in einen Topf geben und zum Kochen bringen ➟ Reis dazugeben und brodeln lassen, bis der Reis gar, aber noch fest ist ➟ in ein Sieb geben und abtropfen lassen.

☺ Öl oder Butter in einem Topf erhitzen ➟ Zwiebeln dazugeben und glasig dünsten ➟ Milch und Kokosnussraspeln dazugeben und kurz zum Kochen bringen, dann bei schwacher Hitze köcheln lassen ➟ Reis und Linsen dazugeben und abschmecken ➟ köcheln lassen, bis die Flüssigkeit verdampft ist ➟ heiß mit Fleischgerichten servieren.

❍ Man kann auch statt Linsen kleine grüne Bohnen oder andere Bohnensorten verwenden.

****

Sojabohnen mit Blattgemüse

Zutaten:

1 Tasse Sojabohnen
250 g gehacktes Blattgemüse, Sorte nach Belieben (z.B. Amarant, Spinat, Mangold...)
1/2 Tasse frische Pilze, in Streifen schneiden, waschen und abtropfen lassen
1 Zwiebel, hacken
Salz und Pfeffer
Öl oder Butter

So wird es gemacht:

☺ Sojabohnen gar kochen, in ein Sieb geben und abtropfen lassen.
☺ Blattgemüse in reichlich Salzwasser ca. 10 Minuten kochen, in ein Sieb geben und abtropfen lassen.
☺ Öl oder Butter in einer großen Pfanne erhitzen ➟ Zwiebeln dazugeben und glasig dünsten ➟ Pilze dazugeben, salzen und pfeffern und gar dünsten ➟ Sojabohnen und Blattgemüse unterheben und 5 bis 6 Minuten dünsten lassen ➟ abschmecken und heiß servieren.

****

Cassava mit Bohnen und Mais

Zutaten:

1 mittelgroße Cassava, schälen, würfeln und waschen
1 Tasse Bohnen (Sorte nach Belieben), waschen, über Nacht in kaltem Wasser einweichen, in ein Sieb geben und abtropfen lassen
1/2 Tasse getrockneter Mais, waschen, über Nacht in kaltem Wasser einweichen, in ein Sieb geben und abtropfen lassen
1 bis 2 Tassen zerkleinertes Blattgemüse (Sorte nach Belieben), z.B. Amarant, Mangold, Spinat...
Salz und Pfeffer

So wird es gemacht:

☺ Bohnen und Mais in einen Topf geben ➟ mit Wasser bedecken und gar kochen. Eventuell im Schnellkochtopf kochen ➟ Cassava, Blattgemüse, Salz und Pfeffer dazugeben und umrühren ➟ köcheln lassen, bis die Cassava gar ist ➟ Topfinhalt mit einer Gabel pürieren und heiß servieren.

****

Bohnen mit Erdnüssen

Zutaten:

1/4 Tasse rote Bohnen, über Nacht in kaltem Wasser einweichen, waschen, in ein Sieb geben und abtropfen lassen
1/4 Tasse Erdnüsse, feine Schale entfernen
3/4 Tasse frische Maiskörner
1 Zwiebel, hacken
1 Tomate, hacken
je 1/2 Teelöffel Garam Masala und Currypulver
Salz, Pfeffer und Chilipulver
Butterfett (Ghee)

So wird es gemacht:

☺ Bohnen, Mais und Erdnüsse gar kochen, in ein Sieb geben und abtropfen lassen.
☺ Butterfett in einem Topf zerlassen ➟ Zwiebeln dazugeben und glasig dünsten ➟ Tomaten und Gewürze untermengen und kurz dünsten ➟ Bohnenmischung untermengen und erhitzen, bis alle Flüssigkeit verdampft ist ➟ abschmecken und heiß servieren.

****

Süßkartoffeln mit Bohnen

Zutaten:

2 bis 3 große Süßkartoffeln, schälen, würfeln und waschen
2 lange milde Peperoni, Stielansätze entfernen, der Länge nach halbieren, Samen entfernen und zerkleinern
1 Zwiebel, hacken
2 Tomaten, hacken
1 Tasse Spinatblätter oder Amarant
1/2 Tasse frische Maiskörner
1/2 Tasse Bohnen (Sorte nach Belieben, siehe Seite 11), waschen, über Nacht in kaltem Wasser einweichen, in ein Sieb geben und abtropfen lassen
Salz, Pfeffer, Chilipulver, Currypulver und getrockneter Koriander
Öl

So wird es gemacht:

☺ Bohnen und Mais gar kochen, in ein Sieb geben und abtropfen lassen. Kochflüssigkeit aufbewahren.
☺ Öl in einem Topf erhitzen ➟ Zwiebeln dazugeben und weich dünsten ➟ Peperoni und Gewürze untermengen und dünsten, bis die Peperonistücke weich sind ➟ Tomaten dazugeben, umrühren und einige Minuten dünsten ➟ Kartoffeln dazugeben, gut vermengen und einige Minuten dünsten ➟ Bohnen und Mais untermengen ➟ mit Kochflüssigkeit fast bedecken und kurz zum Kochen bringen, dann bei schwacher Hitze köcheln lassen, bis die Kartoffeln

fast gar sind ➞ Spinat oder Amarant unterheben ➞ köcheln lassen, bis alles gar ist ➞ abschmecken und heiß servieren.

****

Kenianische Küsten-Bohnen

Zutaten:

1 Kokosnuss, daraus 2 Tassen Kokosnussmilch herstellen (siehe Seite 8)
1 Tasse rote oder Kidneybohnen, waschen, über Nacht in kaltem Wasser einweichen, in ein Sieb geben und abtropfen lassen
1 Zwiebel, hacken
2 Tomaten, hacken
2 Esslöffel gehackter Koriander oder 1 Teelöffel getrockneter Koriander
je 1/2 Teelöffel Garam Masala und Currypulver
Salz und Pfeffer
Öl oder Butter

So wird es gemacht:

☺ Bohnen gar kochen, in ein Sieb geben und abtropfen lassen.
☺ Öl oder Butter in einem Topf erhitzen ➞ Zwiebeln dazugeben und goldbraun dünsten ➞ Tomaten, Koriander, Garam Masala, Currypulver, Salz und Pfeffer dazugeben, gut vermengen und dünsten, bis viel Flüssigkeit verdampft ist ➞ Kokosnussmilch darübergeben, umrühren und zum Kochen bringen ➞ gekochte Bohnen dazugeben und einige Minuten brodeln lassen ➞ abschmecken und heiß servieren

****

Bohnen mit Fleisch

Zutaten:

1 Tasse Bohnen (Sorte nach Belieben, siehe Seite 11), waschen, über Nacht in kaltem Wasser einweichen, in ein Sieb geben und abtropfen lassen
250 bis 300 g Fleisch, in kleine Würfel schneiden und waschen
2 Zwiebeln, hacken
1 Esslöffel Tomatenmark, in 1 Tasse Wasser auflösen
1 bis 2 Esslöffel Mehl
Salz, Pfeffer, Chilipulver und Thymian
Öl

So wird es gemacht:

☺ Bohnen gar kochen, in ein Sieb geben und abtropfen lassen.
☺ Öl in einem Topf erhitzen ➟ Zwiebeln dazugeben und glasig dünsten ➟ Fleischstücke und Gewürze dazugeben und braten, bis sie Farbe annehmen ➟ Fleisch und Zwiebeln aus dem Topf nehmen und warm halten ➟ Mehl zum Bratöl geben, gut verrühren und bei ständigem Rühren braten, bis es Farbe annimmt ➟ aufgelöstes Tomatenmark und ca. 1 Tasse Wasser darüber geben ➟ umrühren und zum Kochen bringen ➟ alle Zutaten dazugeben, Topf zudecken und bei schwacher Hitze köcheln lassen, bis die Bohnen und das Fleisch gar sind. Eventuell etwas Wasser darüber geben ➟ heiß mit Reis und Salat servieren.

❄❄❄❄❄❄❄❄❄❄

Mais und Fleisch in Kokosnussmilch

Zutaten:

1 Tasse frische Maiskörner. Ersatzweise 1/2 Tasse getrocknete Maiskörner (Muthikore), waschen, über Nacht in kaltem Wasser einweichen, in ein Sieb geben und abtropfen lassen
1/2 Tasse rote Bohnen, waschen, über Nacht in kaltem Wasser einweichen, in ein Sieb geben und abtropfen lassen
250 bis 300 g Fleisch, würfeln, waschen und abtropfen lassen
2 lange milde Peperoni, Stielansätze entfernen, der Länge nach halbieren, Samen entfernen und hacken
1 Kokosnuss, daraus Kokosnussmilch (Nazi) herstellen (siehe Seite 8)
1 Zwiebel, hacken
3 bis 4 Tomaten, hacken
1/2 Knoblauchzehe, mit etwas Salz zerdrücken
je 1/2 Teelöffel getrockneter Koriander und Currypulver
Salz, Pfeffer und Chilipulver
Öl

So wird es gemacht:

☺ Falls getrockneter Mais verwendet wird: Mais und Bohnen gar kochen (eventuell im Schnellkochtopf), in ein Sieb geben und abtropfen lassen. Kochflüssigkeit aufbewahren.
☺ Öl in einem Topf erhitzen ➞ Zwiebeln und Peperoni dazugeben und weich dünsten ➞ Fleischstücke dazugeben und braten, bis sie Farbe annehmen ➞ Knoblauchpaste, Gewürze und Tomaten darüber geben und gut vermengen ➞ abschmecken und köcheln lassen, bis viel Flüssigkeit verdampft ist ➞ 1 Tasse Kokosnussmilch und Kochflüssigkeit darüber geben (falls frischer Mais verwendet wird, Mais dazugeben), bis alles bedeckt ist und kurz zum Kochen bringen, dann bei schwacher Hitze köcheln lassen, bis die Fleischstücke gar sind ➞ Bohnen unterheben und einige Minuten köcheln lassen ➞ abschmecken und heiß mit Reis servieren.

Scharfe Erbsen in Kokosnusssoße

Zutaten:

2 Tassen frische Erbsen
1 Kokosnuss, daraus Kokosnussmilch herstellen (siehe Seite 8)
1 Zwiebel, in Scheiben schneiden
1 kleine Chilischote, Stielansatz entfernen, der Länge nach halbieren, Samen entfernen und fein hacken
1 kleine getrocknete Chilschote, Stielansatz entfernen und zerdrücken
1/2 Teelöffel Currypulver
1 Esslöffel Sojasoße
Salz und Pfeffer
Öl oder Butter

So wird es gemacht:

☺ Öl oder Butter in einem Topf erhitzen ➟ Zwiebeln dazugeben und glasig dünsten ➟ Sojasoße, Salz und Pfeffer dazugeben und kurz dünsten ➟ Chili und Erbsen untermengen und ca. 5 Minuten braten ➟ mit Kokosnussmilch und Wasser bedecken und kochen lassen, bis die Erbsen gar sind und fast die Hälfte der Kochflüssigkeit verdampft ist ➟ heiß mit Brot servieren.

❄❄❄❄❄❄❄❄❄❄

Geflügelgerichte

Hähnchen mit Erdnusssoße

Zutaten:

1 großes Hähnchen, waschen und abtropfen lassen
1 Tasse Erdnüsse, feine Schale entfernen, in einen Mörser oder Elektromixer geben und zu einer Paste zerdrücken oder mixen
1 Tasse Milch
1 kleine Zwiebel, fein hacken
1 Tomate, Haut anritzen, mit kochendem Wasser überbrühen, Haut abziehen, der Länge nach halbieren, Samen entfernen und hacken
Salz und Pfeffer
Butter

So wird es gemacht:

☺ Backofen auf 200°C vorheizen.
☺ Hähnchen mit Salz und Pfeffer einreiben und in eine Backform geben ➞ zerlassene Butter darüber geben und im Backofen knusprig backen.
☺ 2 bis 3 Esslöffel Butter in einem kleinen Topf zerlassen ➞ Zwiebeln dazugeben und goldbraun dünsten ➞ Tomaten, Salz und Pfeffer dazugeben und dünsten, bis ein Teil der Flüssigkeit verdampft ist ➞ Erdnusspaste dazugeben und gut vermengen ➞ Milch dazugeben, umrühren, Topf zudecken und 10 bis 15 Minuten köcheln lassen ➞ abschmecken ➞ über das Hähnchen geben und heiß mit Reis servieren oder mit der Soße alleine servieren.

❊❊❊❊❊❊❊❊❊❊

Curryhähnchen

Zutaten:

1 Hähnchen, zerlegen, waschen und abtropfen lassen
1 Zwiebel, in Scheiben schneiden
1 Esslöffel Currypulver
1 Esslöffel Maismehl
Salz, Pfeffer, Chilipulver, Oregano, Nelkenpulver und Piment
Öl

So wird es gemacht:

☺ 4 bis 5 Esslöffel Öl in eine Schale geben ➡ Gewürze und Zwiebeln dazugeben und zu einer Marinade verrühren ➡ Hähnchenteile in die Marinade geben und darin wälzen ➡ Schale zudecken und 2 bis 3 Stunden stehen lassen.

☺ Öl in einer Pfanne erhitzen ➡ Hähnchenteile dazugeben und knusprig braten, aus der Pfanne nehmen, abtropfen lassen und warm halten ➡ Marinade mit Zwiebeln in das heiße Öl geben und glasig dünsten ➡ Mehl darüber geben und gut vermengen ➡ ca. 1/2 Tasse Wasser darüber geben, umrühren und kurz zum Kochen bringen, dann die gebratenen Hähnchenteile in die Soße geben und darin wälzen ➡ Pfanne zudecken und 9 bis 10 Minuten köcheln lassen. Eventuell etwas Wasser darüber geben ➡ heiß mit Reis oder zu Bohnengerichten und Salat servieren.

❄❄❄❄❄❄❄❄❄❄

Geschmortes Hähnchen

Zutaten:

1 Hähnchen, zerlegen, waschen und abtropfen lassen
2 Zwiebeln, in Scheiben schneiden
4 bis 5 Tomaten, hacken
Salz, Pfeffer und Chilipulver
Öl

So wird es gemacht:

☺ Öl in einer Pfanne erhitzen ➡ etwas Zwiebeln dazugeben und glasig dünsten ➡ Hähnchenteile dazugeben ➡ mit Gewürzen bestreuen und knusprig braten ➡ Tomaten und die restlichen Zwiebeln untermengen und einige Minuten köcheln lassen ➡ 1 Tasse Wasser darüber geben ➡ mit Salz, Pfeffer und Chilipulver abschmecken und kurz zum Kochen bringen, Pfanne zudecken und bei schwacher Hitze köcheln lassen, bis das Fleisch weich und ein Teil der Flüssigkeit verdampft ist ➡ heiß mit Reis servieren.

❋❋❋❋❋❋❋❋❋❋

Variante 2

Zutaten:

1 Hähnchen, zerlegen, waschen und abtropfen lassen
1 Zwiebel, hacken
4 Tomaten, hacken
2 bis 3 lange milde Peperoni, Stielansätze entfernen, der Länge nach halbieren, Samen entfernen und zerkleinern
1 Bund Koriander, Blätter waschen und hacken
1 Esslöffel Maismehl oder normales Mehl, in einer Tasse Wasser auflösen
Salz, Pfeffer und Chilipulver
Butterfett (Ghee) oder Butter

So wird es gemacht:

☺ Butterfett oder Butter in einem Topf zerlassen ➟ Zwiebeln dazugeben und glasig dünsten ➟ Hähnchenteile dazugeben und braten ➟ Tomaten, Peperoni, Koriander, Salz, Pfeffer und Chilipulver dazugeben und gut vermengen ➟ aufgelöstes Mehl darüber geben ➟ Topf zudecken und kurz zum Kochen bringen, dann bei schwacher Hitze ca. 30 Minuten köcheln lassen, bis das Fleisch gar ist. Falls die Soße sehr dickflüssig wird, etwas Wasser darüber geben ➟ heiß mit Reis servieren.

❄❄❄❄❄❄❄❄❄❄

Hähnchencurry mit Ingwer

Zutaten:

1 Hähnchen, zerlegen, waschen und abtropfen lassen
1 Zwiebel, hacken
5 Tomaten, Haut anritzen, mit kochendem Wasser überbrühen, Haut abziehen, der Länge nach halbieren, Samen entfernen und hacken
2 Knoblauchzehen und 4 bis 5 cm Ingwerwurzel, mit etwas Salz zerdrücken
je 1/4 Teelöffel (oder mehr) getrockneter Koriander, Chilipulver, Nelkenpulver, zerdrückte Kümmelsamen und Garam Masala
Salz
Öl

So wird es gemacht:

☺ Öl in einer Pfanne erhitzen ➟ Hähnchenteile dazugeben und goldbraun braten ➟ aus der Pfanne nehmen und warm halten.

☺ Das Bratöl in einen Topf geben. Falls zuwenig Öl in der Pfanne übriggeblieben ist, Öl dazugeben ➟ Zwiebeln dazugeben und dünsten, bis sie Farbe annehmen ➟ Knoblauch-Ingwerpaste untermengen und kurz dünsten ➟ Tomaten und Gewürze darüber geben , gut vermengen und dünsten, bis ein Teil der Flüssigkeit verdampft ist ➟ ca. 1

Tasse Wasser darüber geben und umrühren ➟ abschmecken und die gebratenen Hähnchenteile in die Soße geben ➟ Topf zudecken und kurz zum Kochen bringen, dann bei schwacher Hitze köcheln lassen, bis das Fleisch weich und viel Flüssigkeit verdampft ist ➟ heiß mit Reis servieren.

❄❄❄❄❄❄❄❄❄❄❄

Gebackenes Hähnchenfleisch

Zutaten:

1,5 kg Hähnchenfleisch, in Streifen schneiden, waschen und abtropfen lassen oder 1 großes Hähnchen, Fleisch vom Knochen lösen und zerkleinern
6 bis 7 Zwiebeln, hacken
500 g Tomaten, hacken
1 Tasse Erdnüsse, zu einer Paste zerdrücken oder Erdnussbutter verwenden
1 Esslöffel Maismehl
Salz, Pfeffer und Chilipulver
Butter oder Butterfett

So wird es gemacht:

☺ Backofen auf 200°C vorheizen, dann die Temperatur auf 180°C reduzieren.
☺ Backform mit zerlassener Butter oder Butterfett einfetten und die Fleischstücke darauf geben.
☺ Butter oder Butterfett und Erdnusspaste oder Erdnussbutter in einem Topf zerlassen ➟ Zwiebeln dazugeben und glasig dünsten ➟ Tomaten, Maismehl, Salz, Pfeffer und Chilipulver dazugeben und gut vermengen ➟ kurz brodeln lassen, dann über die Hähnchenstücke geben und für ca. 1 Stunde im Backofen backen ➟ heiß mit Reis und Salat servieren.

❄❄❄❄❄❄❄❄❄❄❄

Gebackenes Hähnchen mit Gemüse

Zutaten:

1 Hähnchen, zerlegen, waschen und abtropfen lassen
8 bis 9 kleine Kartoffeln, schälen, waschen und abtropfen lassen
3 bis 4 Karotten, schaben, vierteln und waschen
4 lange milde Peperoni, Stielansätze entfernen, der Länge nach halbieren, Samen entfernen und vierteln
1 Bund Lauchzwiebeln, hacken, waschen und abtropfen lassen
3 Tomaten, Haut anritzen, mit kochendem Wasser überbrühen, Haut abziehen, der Länge nach halbieren, Samen entfernen und hacken
Salz, Pfeffer und Chilipulver
Öl oder Butter

So wird es gemacht:

☺ Backofen auf 200°C vorheizen.
☺ Kartoffeln und Karotten in Salzwasser halbgar kochen, in ein Sieb geben und abtropfen lassen.
☺ Öl oder Butter in einer Pfanne erhitzen ➟ Hähnchenteile dazugeben, mit Salz, Pfeffer und Chilipulver bestreuen und goldbraun braten ➟ aus der Pfanne nehmen, abtropfen lassen und warm halten.
☺ Kartoffeln und Karotten in das noch heiße Bratfett geben und braten, bis die Oberflächen braun sind ➟ aus der Pfanne nehmen und in eine Auflaufform geben, dann die Peperoni in dem Bratfett dünsten und über die Kartoffeln und die Karotten verteilen (Bratfett aufbewahren) ➟ mit Salz, Pfeffer und Chilipulver bestreuen, dann die Hähnchenteile darauf geben und ca. 20 Minuten im Backofen backen, bis das Fleisch und das Gemüse weich sind.
☺ Bratfett erhitzen, Lauchzwiebeln dazugeben und kurz dünsten ➟ Tomaten untermengen und dünsten, bis ein Teil der Flüssigkeit verdampft ist ➟ abschmecken und über das Hähnchen und Gemüse geben ➟ heiß mit Reis und Salat servieren.

Variante 2

Zutaten:

1 Hähnchen, zerlegen, waschen und abtropfen lassen
1 Zwiebel, in Scheiben schneiden
2 rote Zwiebeln, in Scheiben schneiden
4 bis 5 Tomaten, hacken
150 g frische Pilze, in Streifen schneiden
Mehl, auf einem Teller verteilen
2 Esslöffel gehackte Petersilie
Salz, Pfeffer, Piment und Nelkenpulver
Öl oder Butter

So wird es gemacht:

☺ Backofen auf 200°C vorheizen.
☺ Öl oder Butter in einer Pfanne erhitzen ➡ Hähnchenteile salzen, pfeffern und in Mehl wälzen ➡ in die Pfanne geben und braun braten ➡ aus der Pfanne nehmen, abtropfen lassen und in eine Backform geben.
☺ Zwiebeln in dem noch heißen Bratfett glasig dünsten ➡ Tomaten, Pilze, Petersilie, Salz, Pfeffer, Piment und Nelkenpulver dazugeben und kurz dünsten ➡ Mischung über die Hähnchenteile verteilen und ca. 20 Minuten im Backofen backen, bis die Hähnchenteile gar sind. Eventuell etwas Wasser darüber geben ➡ heiß mit Reis und Salat servieren.

❄❄❄❄❄❄❄❄❄❄❄

Hähnchen in Paprikasoße

Zutaten:

1 kg Hähnchenfleisch (ohne Knochen), würfeln, waschen und abtropfen lassen
1 Zwiebel, fein hacken
3 lange milde Peperoni, Stielansätze entfernen, der Länge nach halbieren, Samen entfernen und zerkleinern
1 Esslöffel mildes Paprikapulver
1 Esslöffel Mehl
Salz und Pfeffer
Butter oder Butterfett (Ghee)

So wird es gemacht:

☺ Butter oder Butterfett in einem Topf zerlassen ➟ Hähnchenfleisch dazugeben, salzen und pfeffern und braten ➟ aus der Pfanne nehmen und beiseite stellen.
☺ Zwiebeln in dem noch heißen Bratfett glasig dünsten ➟ Peperoni dazugeben und weich dünsten ➟ Paprikapulver, Mehl, Salz und Pfeffer dazugeben und gut vermengen ➟ 2 Tassen Wasser darüber geben und zum Kochen bringen, dann die Hähnchenstücke in die Soße geben ➟ Topf zudecken und bei schwacher Hitze ca. 25 Minuten garen ➟ heiß mit Reis und Salat servieren.

❄❄❄❄❄❄❄❄❄❄

Hähnchen mit Koriander

Zutaten:

500 g Hähnchenfleisch (ohne Knochen), in mittelgroße Stücke schneiden, waschen und abtropfen lassen
1 Bund Koriander, Blätter waschen und hacken. Ersatzweise 2 Teelöffel getrockneter Koriander
2 Knoblauchzehen, mit etwas Salz zerdrücken
1 kleine Zwiebel, fein hacken
1 Tomate, hacken
1 Esslöffel Tomatenmark, in ca. 1/2 Tasse Wasser auflösen
Salz und Pfeffer
Öl oder Butter

So wird es gemacht:

☺ Öl oder Butter in einer Pfanne erhitzen ➡ Hähnchenfleisch dazugeben und goldbraun braten ➡ aus der Pfanne nehmen und warm halten.
☺ Zwiebeln in dem heißen Bratfett glasig dünsten ➡ Knoblauchpaste und Koriander dazugeben und kurz dünsten ➡ Tomaten untermengen und kurz dünsten ➡ salzen und pfeffern, dann das aufgelöste Tomatenmark dazugeben und gut vermengen ➡ Hähnchenstücke in die Soße geben und bei schwacher Hitze ca. 10 Minuten köcheln lassen. Falls die Soße sehr dickflüssig wird, etwas Wasser nachgießen ➡ heiß mit Salat und Reis servieren.

❄❄❄❄❄❄❄❄❄❄❄

Hähnchen in Jogurtsoße

Zutaten:

1 kg Hähnchenfleisch, würfeln, waschen und abtropfen lassen
2 Zwiebeln, fein hacken
2 Knoblauchzehen und 3 bis 4 cm Ingwerwurzel, mit etwas Salz zerdrücken

1/2 Chilischote, fein hacken oder zerdrücken
1 Esslöffel mildes Paprikapulver
Salz, Pfeffer, Piment und Nelkenpulver
1 Tasse Jogurt
Öl oder Butter

So wird es gemacht:

☺ Hähnchenstücke in Öl oder Butter braten und beiseite stellen.

☺ Bratfett in einen Topf geben ➟ Zwiebeln dazugeben und glasig dünsten ➟ Knoblauchpaste, Paprikapulver, Piment und Nelkenpulver dazugeben und kurz dünsten ➟ Hähnchenfleisch und Chili dazugeben und gut vermengen ➟ ca. 1 Tasse Wasser darüber geben, umrühren und abschmecken ➟ Topf zudecken und kurz zum Kochen bringen, dann bei schwacher Hitze ca. 15 Minuten köcheln lassen, bis das Fleisch weich ist. Eventuell etwas Wasser darübergeben ➟ Jogurt dazugeben, gut vermengen und 4 bis 5 Minuten köcheln lassen ➟ heiß servieren.

❄❄❄❄❄❄❄❄❄❄❄

Gegrilltes Hähnchenfleisch

Zutaten:

1 kg Hähnchenfleisch, in große Streifen oder Würfel schneiden, waschen und abtropfen lassen

Zutaten für die Marinade:

1/2 Tasse Buttermilch
Saft einer Zitrone
1 Esslöffel gehackter Koriander oder 1 Teelöffel getrockneter Koriander
1 Zwiebel, hacken
1 Tomate, hacken
1/2 Tasse Kokosnussmilch (siehe Seite 8)
Salz und Pfeffer

So wird es gemacht:

☺ Hähnchenfleisch und alle Zutaten für die Marinade in eine Schüssel geben und gut vermengen ➡ Schüssel zudecken und über Nacht stehen lassen.

☺ Grill mit Holzkohle vorheizen ➡ Hähnchenfleisch auf den Rost geben und grillen ➡ heiß mit Brot und Salat servieren.

❍ Man kann auch das Hähnchenfleisch aufspießen und grillen.

❋❋❋❋❋❋❋❋❋❋❋

Fischgerichte

Fisch in Kokosnussoße

Zutaten:

2 Salzwasserfische (Samaki), je 1 kg, halbieren, waschen und abtropfen lassen
1 Kokosnuss, daraus Kokosnussmilch herstellen (siehe Seite 8)
1 Zwiebel, hacken
4 Tomaten, hacken
2 Knoblauchzehen, in feine Streifen schneiden
je 1 Teelöffel Kurkuma und zerdrückte Kümmelsamen
1/2 Teelöffel Currypulver
Mehl, auf einem Teller verteilen
Salz, Pfeffer und Piment
Öl oder Butter

So wird es gemacht:

☺ Fische salzen und pfeffern, dann in Mehl wälzen.

☺ Öl oder Butter in einer Pfanne erhitzen ➟ Zwiebeln dazugeben und weich dünsten ➟ Knoblauch, Kurkuma, Kümmel, Currypulver, Piment, Salz und Pfeffer dazugeben und gut vermengen, dann die Fische dazugeben und braten ➟ Tomaten und ca. 2 Tassen Kokosnussmilch darüber geben ➟ vorsichtig umrühren, Pfanne zudecken und kurz zum Kochen bringen, dann bei schwacher Hitze ca. 10 Minuten köcheln lassen. Falls die Soße sehr dickflüssig wird, mit etwas Kokosnussmilch verdünnen und heiß servieren.

****

Variante 2

Zutaten:

2 Rotbarsche (ca. 2 kg), säubern, waschen und abtropfen lassen
1 Kokosnuss, daraus Kokosnussmilch herstellen (siehe Seite 8)
2 Schalotten, vierteln
1 Tomate, vierteln
4 bis 5 Knoblauchzehen und ca. 4 cm Ingwerwurzel, mit etwas Salz zerdrücken
Saft einer Zitrone
Salz, Pfeffer und Chilipulver
Öl

So wird es gemacht:

☺ Etwas Öl, Knoblauchpaste, Zitronensaft, Salz, Pfeffer und Chilipulver in eine Schale geben und gut vermengen ➡ Fische in der Marinade wälzen und ca. 3 Stunden stehen lassen. Zwischendurch wenden.
☺ Schalotten und Tomaten in einem Elektromixer kurz pürieren ➡ 1 Tasse Kokosnussmilch dazugeben und pürieren.
☺ Fische aus der Marinade nehmen und beiseite stellen ➡ Marinade in eine Pfanne geben (eventuell Öl dazugeben) und erhitzen ➡ Fische dazugeben und braten ➡ aus der Pfanne nehmen und beiseite stellen.
☺ Kokosnussmischung und 1½ Tassen Kokosnussmilch in eine Pfanne geben und gut verrühren ➡ abschmecken und kurz zum Kochen bringen, dann bei schwacher Hitze köcheln lassen ➡ Fische in die Soße geben und ca. 15 Minuten köcheln lassen ➡ heiß mit Reis und Salat servieren.

✳✳✳✳✳✳✳✳✳✳

Variante 3

Zutaten:

1 kg Süßwasserfisch (Tilapia), säubern, zerkleinern, waschen und abtropfen lassen
1¼ Tasse Kokosnussmilch (siehe Seite 8)
1 Esslöffel Tomatenmark, in Kokosnussmilch auflösen
1 Zwiebel, in Scheiben oder Streifen schneiden
1 Tomate, hacken
Salz und Pfeffer
Öl oder Butter

So wird es gemacht:

☺ Öl oder Butter in einer Pfanne erhitzen ➟ Zwiebeln dazugeben und glasig dünsten ➟ Tomaten dazugeben, salzen und pfeffern und anschließend dünsten, bis viel Flüssigkeit verdampft ist ➟ Fischstücke und Kokosnussmilch in die Soße geben und umrühren ➟ kurz zum Kochen bringen, dann bei schwacher Hitze 20 bis 25 Minuten köcheln lassen ➟ abschmecken und heiß mit Reis servieren.

****

Fisch und Cassava in Kokosnusssoße

Zutaten:

1 kg Cassava (ersatzweise Yam), schälen, in kleine Würfel schneiden, waschen und abtropfen lassen
500 g Salzwasserfisch (oder Fischfilets), Kopf und Flossen entfernen, in kleine Stücke schneiden, waschen und abtropfen lassen, dann mit Salz, Pfeffer und Chilipulver bestreuen
2 Kokosnüsse, daraus ca. 2 Tassen Kokosnussmilch herstellen (siehe Seite 8)
4 bis 5 Schalotten, in Scheiben oder Streifen schneiden
1 kleine Chilischote, Stielansatz entfernen und hacken
Salz, Pfeffer und Chilipulver
Öl, zum Braten

So wird es gemacht:

☺ Cassava und 1 Tasse Kokosnussmilch in einen Topf geben ➟ mit Wasser bedecken und zum Kochen bringen, dann bei schwacher Hitze köcheln lassen, bis die Cassava fast gar ist ➟ Schalotten und und Chili untermengen ➟ mit Salz, Pfeffer und Chilipulver abschmecken und köcheln lassen, bis die Cassava und die Schalotten gar sind.
☺ Öl in einer Pfanne erhitzen ➟ Fischstücke dazugeben und goldbraun braten ➟ aus der Pfanne nehmen und abtropfen lassen.
☺ Die restliche Kokosnussmilch zur Cassava dazugeben ➟ Fischstücke unterheben und ein paar Minuten köcheln lassen ➟ heiß mit Reis oder Brot servieren.

****

Omena

Getrocknete Fisch in Kokosnussmilch

Zutaten:

250 g getrockneter Fisch (Omena), mit warmem Wasser waschen, abtrocknen und zerkleinern
250 g Tomaten, hacken
2 Zwiebeln, hacken
1 Tasse Kokosnussmilch (siehe Seite 8)
Salz, Pfeffer und Piment
Öl

So wird es gemacht:

☺ Fischstücke in einen Topf geben, mit Wasser bedecken und ca. 5 Minuten brodeln lassen ➟ in ein Sieb geben und abtropfen lassen.
☺ Öl in einer Pfanne erhitzen ➟ Zwiebeln dazugeben und glasig dünsten ➟ Tomaten untermengen, mit Salz, Pfeffer und Piment abschmecken und ein paar Minuten dünsten ➟ Kokosnussmilch dazugeben und umrühren ➟ Fischstücke in die Soße geben ➟ Pfanne zudecken und ca. 15 Minuten köcheln lassen ➟ heiß mit Reis oder Ugali (siehe Seite 27)

servieren.

****

Getrockneter Fisch mit Erdnüssen

Zutaten:

1 mittelgroßer getrockneter Fisch, waschen
1 Zwiebel, hacken
1 Tasse Erdnüsse, feine Schalen entfernen und in einem Mörser zerdrücken
Salz und Pfeffer

So wird es gemacht:

☺ Fisch in einen Topf geben, ca. 2 Tassen Wasser darüber geben und gar kochen ➟ Fisch aus dem Wasser nehmen und warm halten ➟ das Kochwasser auf dem Herd lassen.
☺ Erdnusspaste in das Kochwasser geben ➟ Eventuell 1/2 Tasse Wasser dazugeben und brodeln lassen, bis die Soße dicker wird. Falls die Soße sehr dickflüssig wird, mit etwas Wasser verdünnen ➟ Zwiebeln, Salz und Pfeffer dazugeben und 5 Minuten kochen lassen ➟ Fisch in die Soße geben und kurz erhitzen ➟ heiß zu Kochbananengerichten servieren.

****

Geräucherter Fisch

Zutaten:

500 g geräucherter Fisch (Ngege), in Streifen oder Würfel schneiden, waschen und abtropfen lassen
1 große Zwiebel, hacken
3 bis 4 Tomaten, hacken
1 Tasse Milch
1/2 Tasse Kokosnussmilch (siehe Seite 8)
2 bis 3 Esslöffel Erdnussbutter
Salz
4 Esslöffel Butterfett (Ghee)

So wird es gemacht:

☺ Fischstücke in einen Topf geben, mit Wasser bedecken und ca. 10 Minuten brodeln lassen ➟ in ein Sieb geben und abtropfen lassen.
☺ Butterfett in einer großen Pfanne zerlassen ➟ Zwiebeln dazugeben und glasig dünsten ➟ Tomaten, Salz und Erdnussbutter dazugeben, gut vermengen und ein paar Minuten dünsten ➟ Fischstücke unterheben ➟ Milch und Kokosnussmilch darüber geben ➟ umrühren und zum Kochen bringen, dann bei schwacher Hitze ca. 1 Stunde köcheln lassen. Falls viel Flüssigkeit verdampft ist, etwas Milch oder Kokosnussmilch dazugeben ➟ heiß mit Maispudding (siehe Seite 27) servieren.

****

Gebratener Fischfilets

Zutaten:

1 kg Fischfilets, in breite Streifen schneiden, waschen, abtrocknen, salzen und pfeffern
2 Eier, aufschlagen, in eine Schale geben und verrühren
2 Teelöffel Kurkuma
1 Teelöffel Currypulver
Salz und Pfeffer
Öl, zum Braten

So wird es gemacht:

☺ Kurkuma, Currypulver, Salz und Pfeffer zu den Eiern geben und gut verrühren ➟ Fischstücke in das Eigemisch geben und gut vermengen.
☺ Öl in einer Pfanne erhitzen ➟ Fischstücke dazugeben und goldbraun braten ➟ heiß mit Brot und Salat servieren.
❍ Man kann auch die Fischfilets zuerst in das Eigemisch tauchen, und sie dann in Mehl oder Paniermehl wälzen und braten.

****

Gebratener Fisch

Zutaten:

4 Fische (ca. 1 kg)(Sorte nach Belieben), säubern, waschen und abtropfen lassen
250 g Tomaten, Haut anritzen, mit kochendem Wasser überbrühen, Haut abziehen, halbieren, Samen entfernen und hacken
1 rote Zwiebel oder 2 Schalotten, hacken
Mehl, auf einem Teller verteilen
Salz, Pfeffer und Chilipulver
Öl und Erdnussbutter

So wird es gemacht:

☺ Ca. 5 Esslöffel Erdnussbutter und 1 Esslöffel Öl in einer Pfanne erhitzen ➟ Fische salzen und pfeffern, dann in Mehl wälzen und goldbraun braten ➟ aus der Pfanne nehmen, abtropfen lassen, auf einen Servierteller geben und warm halten.

☺ Zwiebeln in das Bratfett geben und glasig dünsten ➟ Tomaten dazugeben ➟ mit Salz, Pfeffer und Chilipulver abschmecken und 5 bis 6 Minuten kochen lassen, dann über die Fische geben und heiß servieren.

✻✻✻✻✻✻✻✻✻✻✻

Fisch mit Koriander

Zutaten:

ca. 1 kg Süßwasserfische (Tilapia), säubern, waschen, trocknen und mit Salz bestreuen
1 Bund Koriander (Dhania), Blätter waschen und hacken. Ersatzweise 2 Teelöffel getrockneter Koriander
1/2 Tasse Erdnüsse, feine Schalen entfernen, in einen Mörser geben und zerdrücken
1 Zwiebel, fein hacken
1 große Tomate, hacken
je 1/2 Teelöffel Currypulver und Kurkuma
Salz, Pfeffer, Oregano, Paprikapulver, Nelkenpulver und Piment
Öl, zum Braten

So wird es gemacht:

☺ Öl in einer Pfanne erhitzen ➡ Zwiebeln dazugeben und glasig dünsten ➡ Koriander und Tomaten dazugeben und kurz dünsten, dann Gewürze dazugeben ➡ umrühren und dünsten, bis fast die Hälfte der Flüssigkeit verdampft ist ➡ Erdnusspaste untermengen ➡ Fische dazugeben, zuerst von beiden Seiten in der Soße wälzen, dann braten, bis die Fische gar sind ➡ heiß zu Kochbananengerichten servieren.

****

Fischfilets in Erdnusssoße

Zutaten:

1 kg Fischfilets, waschen und abtropfen lassen
2 Tomaten, hacken
1 bis 2 Zwiebeln, hacken
1 Esslöffel Tomatenmark, in einer Tasse Wasser auflösen
3 bis 4 Esslöffel Erdnussbutter, mit ca. 1/2 Tasse Wasser vermischen
Salz und Pfeffer
Butter

So wird es gemacht:

☺ Butter in einem Topf zerlassen ➟ Zwiebeln dazugeben und glasig dünsten ➟ Tomaten untermengen und weich dünsten ➟ salzen und pfeffern ➟ aufgelöstes Tomatenmark dazugeben, gut verrühren und die Fischfilets dazugeben ➟ kurz zum Kochen bringen, dann bei schwacher Hitze 20 bis 25 Minuten köcheln lassen, bis die Filets gar sind ➟ Ernusssoße darübergeben, umrühren, kurz erhitzen und heiß servieren.

✳✳✳✳✳✳✳✳✳✳

Soßen und Marinaden

Erdnusssoße

Zutaten:

1 Tasse Erdnüsse, feine Schalen entfernen, in einem Mörser zu einer Paste zerdrücken
1 kleine Zwiebel, fein hacken
1 Tomate, hacken
Salz und Pfeffer
2 Esslöffel Milch
Butterfett (Ghee) oder Butter

So wird es gemacht:

☺ 2 bis 3 Esslöffel Butterfett in einem Topf zerlassen ➟ Zwiebeln dazugeben und goldbraun dünsten ➟ Tomaten untermengen ➟ salzen und pfeffern ➟ dünsten, bis viel Flüssigkeit verdampft ist ➟ Erdnusspaste dazugeben und mit einem Schneebesen gut vermengen ➟ Milch und 1/2 Tasse Wasser darüber geben und mit dem Schneebesen gut verrühren ➟ abschmecken, Topf zudecken und kurz zum Kochen bringen, dann bei schwacher Hitze 15 bis 20 Minuten köcheln lassen. Zwischendurch umrühren, falls die Soße sehr dickflüssig wird, etwas Wasser darüber geben ➟ heiß zu Gemüse- oder Fleischgerichten servieren.

❍ Falls man die Erdnusssoße zu Fischgerichten servieren möchte, rührt man beim Köcheln den Saft einer Zitrone in die Soße ein.

****

Sesamsoße

Zutaten:

1½ Tassen geröstete Sesamkerne (Simsim), in einen Mörser geben und zu einer Paste zerdrücken
2 Tassen Wasser
1 kleine Zwiebel, fein hacken
1 große Tomate, Haut anritzen, mit kochendem Wasser überbrühen, Haut abziehen, halbieren, Samen entfernen und hacken
1 Tasse gehackter Amarant oder eine andere Blattgemüsesorte z.B. Spinat
je 1/2 Teelöffel Kurkuma und Currypulver
Salz und Pfeffer
Butterfett (Ghee) oder Butter

So wird es gemacht:

☺ Butterfett in einem Topf zerlassen ➟ Zwiebel dazugeben und glasig dünsten ➟ Amarant untermengen und dünsten, bis die Blätter weich sind ➟ Tomaten untermengen ➟ mit Kurkuma, Currypulver, Salz und Pfeffer abschmecken und ca. 5 Minuten dünsten ➟ 2 Tassen Wasser darüber geben und umrühren ➟ kurz zum Kochen bringen, dann bei schwacher Hitze 10 bis 15 Minuten köcheln lassen ➟ Sesampaste dazugeben und mit einem Schneebesen gut verrühren ➟ Topf zudecken und 5 Minuten köcheln lassen ➟ abschmecken ➟ heiß zu Gemüsegerichten servieren.

✻✻✻✻✻✻✻✻✻✻

Marinade für Grillfleisch

Zutaten:

1 Zwiebel, reiben
1 große Tomaten, würfeln oder hacken
1 Bund Koriander (Dhania), Blätter waschen und hacken oder 2 Teelöffel getrockneter Koriander
1 Zitrone, waschen und in kleine Würfel schneiden
etwas Essig
Salz, Pfeffer und Chilipulver
1 Tasse Öl

So wird es gemacht:

☺ Alle Zutaten in eine große Schale geben und verrühren ➟ Fleischstücke in die Marinade geben und wälzen ➟ Schale zudecken und über Nacht stehen lassen. Zwischendurch wenden.

****

Marinade für Grillrippchen

Zutaten:

1 Zwiebel, hacken
1 große Tomate, hacken
2 Knoblauchzehen und ca. 5 cm Ingwerwurzel, mit etwas Salz zerdrücken
1 Bund Koriander (Dhania), Blätter waschen und hacken oder 2 Teelöffel getrockneter Koriander
Salz, Pfeffer, Garam Masala, Paprikapulver und Piment
1 Tasse Öl

So wird es gemacht:

☺ Alle Zutaten in eine Schale geben und verrühren ➟ Rippchen in der Marinade wälzen ➟ Schale zudecken und über Nacht stehen lassen. Zwischendurch wenden.

****

Brot, Gebäck und Süßspeisen

Bananenbrot

Zutaten:

2 bis 3 mittelgroße reife Bananen, schälen und mit einer Gabel pürieren
2 Tassen Mehl, sieben
1 Ei, aufschlagen, in eine Schale geben und verrühren
Eine 3/4 Tasse Zucker
1 Päckchen Backpulver
1/2 Tasse Milch
4 Esslöffel Butter oder Margarine
Prise Salz

So wird es gemacht:

☺ Backofen auf 180°C vorheizen.
☺ Mehl, Backpulver und Prise Salz zusammen vermengen.
☺ Ei, Butter oder Margarine und Zucker in eine Schale geben und mit Schneebesen weich schlagen ➟ Milch dazugeben und weiter schlagen, dann die pürierten Bananen in die Mischung geben und verrühren ➟ Mehl dazugeben und zu einem Teig kneten.
☺ Teig in eine gefettete Backform geben und im vorgeheizten Backofen für ca. 30 Minuten backen.
❍ Um nachzuprüfen, ob das Brot fertig ist, einen Spieß in das Brot stechen und rausziehen, wenn der Spieß sauber und trocken ist, ist das Brot fertig gebacken. Ansonsten einige Minuten weiterbacken.

****

Erdnussbrot

Zutaten:

2 Tassen Mehl, sieben
1 Päckchen Backpulver
1/4 Tasse Erdnüsse (Njugu), feine Schalen entfernen, in einen Mörser geben und zu einer Paste zerdrücken
1 Ei, aufschlagen, in eine Schale geben und verrühren
1 Tasse Milch
2 bis 3 Esslöffel Zucker
Prise Salz

So wird es gemacht:

☺ Backofen auf 180°C vorheizen.

☺ Mehl, Zucker, Backpulver und Prise Salz in eine Schale geben und vermengen.

☺ Milch, Ei und Erdnusspaste in eine Schale geben und mit einem Schneebesen gut verrühren ➞ zum Mehlmischung dazugeben und binden.

☺ Teig in eine gefettete Backform geben ➞ Backform mit einem feuchten Tuch zudecken und ca. 30 Minuten stehen lassen, dann in den vorgeheizten Backofen schieben und ca. 50 Minuten backen.

❍ Um nachzuprüfen, ob das Brot fertig ist, einen Spieß in das Brot stechen und rausziehen, wenn der Spieß sauber und trocken ist, ist das Brot fertig gebacken. Ansonsten einige Minuten weiterbacken.

****

Maismehlbrot

Zutaten:

1 Tasse feines Maismehl, sieben
1 Tasse Mehl, sieben
1 Tasse Milch
1 bis 2 Eier, aufschlagen, in eine Schale geben und verrühren
1 Päckchen Backpulver
3 Esslöffel Zucker
Eine Prise Salz
6 bis 7 Esslöffel Butter oder Margarine

So wird es gemacht:

☺ Backofen auf 180°C vorheizen.
☺ Milch, Zucker, eine Prise Salz und Butter oder Margarine in eine Schale geben und mit einem Schneebesen weich schlagen ➡ Mehl und Backpulver miteinander vermischen, nach und nach zur Milchmischung dazugeben und solange schlagen, bis eine weiche Masse entstanden ist ➡ Teig in eine gefettete Backform geben und in vorgeheizten Backofen ca. 25 Minuten backen.
❍ Um nachzuprüfen, ob das Brot fertig ist, einen Spieß in das Brot stechen und rausziehen, wenn der Spieß sauber und trocken ist, ist das Brot fertig gebacken. Ansonsten einige Minuten weiterbacken.

****

Süßkartoffelbrot

Zutaten:

je 1 Tasse Maismehl und normales Mehl, sieben
1 große Süßkartoffel, waschen, gar kochen, pellen und pürieren
1 Päckchen Backpulver
Milch

So wird es gemacht:

☺ Backofen auf 200°C vorheizen.
☺ Alle Zutaten in eine Schale geben ➙ Kneten, bis ein feste Teig entstanden ist ➙ Teig zu einem Brotlaib formen und im Backofen ca. 25 Minuten backen.

****

Mahamri Gebratene Kokosnussfladen

Zutaten:

2 Tassen Mehl, sieben
1 Päckchen trockene Hefe
Eine 3/4 Tasse Kokosnussmilch (siehe Seite 8)
3 bis 4 Esslöffel Zucker
Öl, zum Braten

So wird es gemacht:

☺ Mehl und Zucker in eine Schale geben und gut vermengen ➙ in die Mitte eine Mulde drücken ➙ Hefe und etwas warmes Wasser in die Mulde geben, stehen lassen, bis die Hefe aufgeht ➙ Hefe gut mit dem Mehl vermengen, dann Kokosnussmilch nach und nach dazugeben und zu einem Teig kneten. Falls der Teig sehr fest ist, mehr Kokosnussmilch dazugeben ➙ Schale mit einem feuchten Tuch zudecken und ca. 1 Stunde an einem warmen Platz stehen lassen ➙ Teig kneten und zu kleinen Kugeln formen, dann die Kugeln flach ausrollen (ca. 1/2 cm dick) und auf einem bemehlten Btett ca. 30 Minuten stehen lassen.
☺ Öl in einer Pfanne erhitzen ➙ Kokosnussfladen dazugeben und goldbraun braten ➙ aus der Pfanne nehmen, abtropfen lassen und heiß oder kalt zu Hauptgerichten servieren.
❍ Man kann den Teig auch zu großen Fladen ausrollen, danach rundherum in Dreiecke schneiden und braten.

****

Mandazi

Zutaten:

2 Tassen Mehl, sieben
1 Päckchen Backpulver
2 bis 3 Esslöffel Zucker
1 Ei, aufschlagen, in eine Schale geben und verrühren
ca. 1/2 Tasse Milch
Öl, zum Braten

So wird es gemacht:

☺ Mehl, Backpulver und Zucker in eine Schale geben und gut vermengen ➞ in die Mitte eine Mulde eindrücken und das Ei hineingeben ➞ Milch nach und nach dazugeben und kneten. Falls der Teig sehr fest ist, mehr Milch dazugeben ➞ Teig mit einem feuchten Tuch zudecken und ca. 15 Minuten ruhen lassen.

☺ Teig auf bemehlter Arbeitsplatte zu kleinen Fladen ausrollen ➞ Öl in einer Pfanne erhitzen und die Fladen braun oder goldbraun braten ➞ aus der Pfanne nehmen, abtropfen lassen und kalt servieren.

****

Variante 2

Zutaten:

2 Tassen Mehl, sieben
1 Päckchen Backpulver
2 bis 3 Esslöffel Zucker
1 Ei, aufschlagen, in eine Schale geben und verrühren
Samen von 2 Kardamomkapseln, zerdrücken
ca. 1/2 Tasse Milch
Öl, zum Braten
ca. 4 Esslöffel Butter oder Margarine

So wird es gemacht:

☺ Mehl und Backpulver miteinander mischen.
☺ Butter oder Margarine und Zucker in eine Schale geben und mit einem Schneebesen weich schlagen ➞ Milch, Ei und Kardamom dazugeben und gut vermengen ➞ Mehl nach und nach dazugeben und kneten. Falls der Teig sehr fest ist, etwas Milch oder Wasser dazugeben ➞ Teig mit einem feuchten Tuch zudecken und ca. 15 Minuten ruhen lassen.
☺ Teig auf bemehlter Arbeitsplatte zu kleinen Fladen ausrollen ➞ Öl in einer Pfanne erhitzen und die Fladen goldbraun braten ➞ aus der Pfanne nehmen, abtropfen lassen und kalt servieren.

****

Cassavabällchen mit Käse

Zutaten:

1 mittelgroße Cassava, schälen, waschen, in kleine Würfel schneiden, in einen Topf geben und mit Wasser bedecken
1/2 Tasse Mehl, sieben oder 1/2 Tasse Mehl und Paniermehl
Eine 3/4 Tasse geriebener Käse (Sorte nach Belieben)
2 Eier, aufschlagen, in eine Schale geben und verrühren
1 Päckchen Backpulver
Eine Prise Salz
Öl, zum Braten

So wird es gemacht:

☺ Cassava gar kochen, in ein Sieb geben, abtropfen lassen und kalt stellen.
☺ Cassava, Käse, Eier und eine Prise Salz in eine Schale geben und gut vermengen, dann zu kleinen Bällchen formen.
☺ Mehl und Backpulver miteinander mischen und zu einem weichen Teig verkneten.
☺ Öl in einer Pfanne erhitzen ➞ Cassavabällchen in den Teig tauchen und goldbraun braten ➞ aus der Pfanne nehmen, abtropfen lassen und servieren.

Gebratener Cassavateig

Zutaten:

1 kleine Cassava, schälen, würfeln, waschen, in einen Topf geben und mit Wasser bedecken
Eine 3/4 Tasse Mehl, sieben
1 Päckchen Backpulver
Salz
Öl, zum Braten

So wird es gemacht:

☺ Cassava kochen, bis sie sehr weich sind ➡ in ein Sieb geben und abtropfen lassen ➡ kalt stellen, dann pürieren.
☺ Mehl, Backpulver und etwas Salz in eine Schale geben und mischen ➡ Cassavapüree dazugeben und zu einem Teig verkneten. Falls der Teig sehr fest ist, etwas Wasser dazugeben ➡ Teig zu einer Rolle formen, dann in Scheiben schneiden.
☺ Öl in einer Pfanne erhitzen ➡ Cassavascheiben dazugeben und braten ➡ heiß servieren.

****

Cassavarollen

Zutaten:

1 Tasse Cassavamehl, sieben
1 Päckchen Backpulver
1 Tasse Milch
1 Ei, aufschlagen, in eine Schale geben und verrühren
Eine Handvoll Rosinen (ohne Kerne), ca. 25 Minuten in kaltem Wasser einweichen, in ein Sieb geben und abtropfen lassen
Weißer und brauner Zucker
Butter
Zimt

So wird es gemacht:

☺ Backofen auf 200°C vorheizen.
☺ Mehl, 2 Esslöffel Zucker, Backpulver und etwas Salz in eine Schale geben und gut vermengen ➟ 3 bis 4 Esslöffel Butter dazugeben und mit dem Mehlmischung verkneten.
☺ Milch in eine Schale geben ➟ Ei dazugeben und mit einem Schneebesen verrühren ➟ Mehlgemisch dazugeben und zu einem Teig kneten ➟ Teig auf einem bemehlten Brett zu einem Fladen ausrollen ➟ Rosinen, ein paar Esslöffel weißen und braunen Zucker, Zimt und einige Butterflocken darauf verteilen ➟ Fladen zu eine Rolle drehen, dann in Scheiben schneiden, auf einem Backblech verteilen und im vorgeheizten Backofen 15 bis 20 Minuten backen.

****

Cassavapudding

Zutaten:

500 g Cassava, schälen, in kleine Würfel schneiden, waschen und abtropfen lassen
2 Tassen Milch
1/2 bis eine 3/4 Tasse Zucker
2 Kardamomkapseln, aufschneiden, Samen in einen Mörser geben und zerdrücken
Rosinen ohne Kerne

So wird es gemacht:

☺ Cassava in einen Topf geben, mit Wasser bedecken und halbgar kochen (ca. 15 Minuten) ➟ in ein Sieb geben und abtropfen lassen.
☺ Milch in einen Topf geben und erhitzen ➟ Kardamom und Zucker dazugeben und mit einem Schneebesen rühren, bis sich der Zucker aufgelöst hat ➟ Cassava dazugeben und köcheln lassen, bis die Soße dicker wird und die Cassava gar, aber noch fest ist ➟ Mischung in eine Schale geben und abkühlen lassen, dann in den Kühlschrank stellen ➟ Rosinen darüber geben und servieren.

Cassavakekse

Zutaten:

1 Tasse Cassavamehl
1 Tasse Mehl
1 Päckchen Backpulver
2 Eier, aufschlagen, in eine Schale geben und verrühren
Eine 3/4 Tasse Milch
1 Teelöffel Vanilleessenz
1/2 Tasse Zucker
1/2 Tasse Butter oder Margarine
Eine Prise Salz
Geriebener Käse

So wird es gemacht:

☺ Backofen auf 180°C vorheizen.
☺ Beide Mehlsorten, eine Prise Salz und Backpulver in eine Schale geben und gut mischen.
☺ Butter und Zucker in eine Metallschale geben und über einen Topf mit kochendem Wasser stellen, dabei mit dem Schneebesen kremig schlagen ➡ Schale vom Topf entfernen ➡ nach und nach und abwechselnd Ei, Mehl, Milch und Vanilleessenz dazugeben und schlagen.
☺ Eine flache Backform mit Butter einfetten und Mehl darüberstreuen ➡ Cassavateig in die Backform geben und im vorgeheizten Backofen ca. 20 Minuten backen ➡ geriebenen Käse darüber streuen und 10 Minuten backen ➡ heiß servieren.

****

Bananenpudding

Zutaten:

2 große reife Bananen, schälen und pürieren
2 Tassen Mehl
ca. 1/2 Tasse Milch
1 Päckchen Backpulver
1/2 Tasse Zucker
Eine 3/4 Tasse Butter oder Margarine
1 Ei, aufschlagen, in eine Schale geben und verrühren
Saft einer Zitrone
etwas geriebene Zitronenschale
Eine Prise Salz

So wird es gemacht:

☺ Backofen auf 180°C vorheizen.
Zucker, geriebene Zitronenschale und Butter in eine Schale geben und mit dem Schneebesen weich schlagen ➡ Ei dazugeben und umrühren, dann die pürierten Bananen, eine Prise Salz und Zitronensaft dazugeben und gut vermengen ➡ nach und nach und in kleinen Mengen Milch und Mehl dazugeben und unterrühren.
☺ Backform mit Butter einfetten ➡ Pudding in die Form geben und im vorgeheizten Backofen ca. 30 Minuten backen ➡ abkühlen lassen und servieren.

****

Kokosnusspudding

Zutaten:

1 kleine Kokosnuss, nur das weiße Fruchtfleisch reiben
3 bis 4 Esslöffel Zucker
2½ Tassen Milch
3 Eier, aufschlagen, in eine Schale geben und verrühren
Eine Prise Salz

So wird es gemacht:

☺ Backofen auf 180°C vorheizen.
Kokosnussraspeln, Zucker und Eier in eine Schale geben und mit einem Schneebesen umrühren ➟ Milch und eine Prise Salz dazugeben und gut vermengen.
☺ Backform mit Butter einfetten ➟ Kokosnussmischung dazugeben und im Backofen ca. 30 Minuten backen ➟ heiß servieren.

****

Kokosnusskekse

Zutaten:

2 Tassen Mehl, sieben
Eine 3/4 Tasse geriebene Kokosnuss
1 Tasse Puderzucker
2 Eier, aufschlagen, in eine Schale geben und verrühren
3 Esslöffel Butter oder Margarine
etwas Milch

So wird es gemacht:

☺ Backofen auf 180°C vorheizen.
☺ Alle Zutaten (außer Milch) in eine Schale geben und gut verkneten. Falls der Teig sehr fest ist, mit etwas Milch lockern ➟ Teig zu kleinen Fladen ausrollen und auf ein bemehltes Backblech geben ➟ in den Backofen schieben und 15 bis 20 Minuten backen, bis die Kekse braune Farbe annehmen ➟ abkühlen lassen und servieren.

****

Süßkartoffelkekse

Zutaten:

1 große Süßkartoffel, waschen, gar kochen, pellen und pürieren
einige Esslöffel Mehl
2 Esslöffel Butter oder Margarine, zerlassen
Eine Prise Salz
Butter, zum Braten

So wird es gemacht:

☺ Pürierte Süßkartoffeln, eine Prise Salz und zerlassene Butter oder Margarine in eine Schale geben und gut vermengen ➟ etwas Mehl dazugeben und zu einem festen Teig verkneten ➟ Teig zu kleinen flachen Keksen formen und in heißer Butter goldbraun braten ➟ abkühlen lassen und servieren.

✻✻✻✻✻✻✻✻✻✻

Sesamkekse

Zutaten:

1 Tasse geröstete Sesamkerne (Simsim)
1 Tasse Mehl, sieben
2 bis 3 Esslöffel Zucker
4 Esslöffel Butter oder Margarine, zerlassen
ca. 1/2 Tasse Milch

So wird es gemacht:

☺ Backofen auf 180°C vorheizen.
☺ Mehl in eine Schale geben ➟ Butter dazugeben und gut vermengen ➟ Sesamkerne und Zucker dazugeben und vermengen ➟ Milch nach und nach dazugeben und zu einem festen Teig verkneten ➟ Teig zu runden oder eckigen Formen ausrollen und auf einem einfetteten Backblech verteilen ➟ im Backofen ca. 10 Minuten backen ➟ kalt servieren.

Frischer Mais mit Milch

Zutaten:

4 frische Maiskolben, Körner vom Kolben lösen
1 Esslöffel Butter
1 Esslöffel Mehl
1 Tasse Milch
Eine Prise Salz

So wird es gemacht:

☺ Maiskörner und eine Prise Salz in einen Topf geben und gar kochen (ca. 25 Minuten) ➡ in ein Sieb geben und abtropfen lassen.
☺ Milch in einem Topf erhitzen ➡ Butter dazugeben und schmelzen lassen ➡ den gekochten Mais dazugeben, kurz zum Kochen bringen, dann bei schwacher Hitze ca. 10 Minuten köcheln lassen ➡ heiß servieren.

****

Maismehlpudding

Zutaten:

1½ Tassen feines Maismehl, sieben
1/2 Tasse Mehl, sieben
5 Tassen Milch
1/2 Tasse Puderzucker
3 große Eier, aufschlagen, in eine Schale geben und verrühren
1 Teelöffel Zimt
3 Esslöffel Butter

So wird es gemacht:

☺ Backofen auf 180°C vorheizen.
☺ Milch in einem Topf zum Kochen bringen ➡ Mehl nach und nach dazugeben und mit einem Schneebesen verrühren ➡ ca. 10 Minuten kochen lassen, dabei ununterbrochen rühren ➡ Topf vom Herd nehmen ➡ Butter in der heißen Milch

auflösen und abkühlen lassen ➟ Eier dazugeben und gut vermengen, dann Zimt und Zucker dazugeben und umrühren.
☺ Backform mit Butter einfetten und Milchmischung dazugeben ➟ in den Backofen schieben und ca. 30 Minuten backen.

****

Bananen in Kokosnussmilch

Zutaten:

5 bis 6 Bananen, schälen, vierteln und in Streifen schneiden
1 Kokosnuss, daraus Kokosnussmilch herstellen (siehe Seite 8)
❀ 1 Tasse Kokosnussmilch beiseite stellen
❀ Die restliche Kokosnussmilch mit 1 Tasse kaltem Wasser verdünnen (ergibt ca. 1½ Tassen Kokosnussmilch)
1/4 Tasse Zucker
2 Kardamomkapseln, aufschneiden, Samen in einen Mörser geben und zerdrücken
etwas Mehl

So wird es gemacht:

☺ Verdünnte Kokosnussmilch in einen Topf geben ➟ Zucker und Kardamom dazugeben und mit einem Schneebesen solange rühren, bis der Zucker aufgelöst ist ➟ Bananen dazugeben und kurz zum Kochen bringen, dann bei schwacher Hitze ca. 20 Minuten köcheln lassen.
☺ 1 bis 2 Esslöffel Mehl in die restlichen Kokosnussmilch geben und auflösen ➟ zu den Bananen geben und ca. 10 Minuten köcheln lassen, bis das Mehlgemisch fest ist ➟ Bananenmischung in eine Schale geben und servieren.

****

Gebratene Kürbisbällchen

Zutaten:

1 Tasse Mehl, sieben
2 Eier, aufschlagen, in eine Schale geben und verrühren
1 bis 1½ gewürfelter Kürbis
1 Päckchen Backpulver
Salz
Öl, zum Braten

So wird es gemacht:

☺ Kürbisstücke in einen Topf geben, mit Wasser bedecken und gar kochen ➟ in ein Sieb geben, abtropfen lassen, dann pürieren und abkühlen lassen.
☺ Kürbispüree, Mehl, Backpulver und Salz in eine Schale geben und gut vermengen. Falls die Mischung sehr fest ist, mit etwas Wasser verdünnen.
☺ Öl in einer Pfanne erhitzen ➟ Kürbisteig löffelweise in das heiße Öl geben und goldbraun braten ➟ aus dem Öl nehmen, abtropfen lassen und servieren.

✻✻✻✻✻✻✻✻✻✻

Gewürzter Kaffee

Zutaten:

6 Teelöffel gemahlener Kaffee
2 Tassen Wasser
2 Kardamomkapseln, nur anschneiden
1 Zimtstange, halbieren
3 bis 4 Nelken

So wird es gemacht:

☺ Wasser und Gewürze in einen kleinen Topf geben und ca. 10 Minuten kochen lassen ➟ Kaffee dazugeben und 5 Minuten kochen lassen ➟ Kaffee mit Gewürzen in eine Kaffeekanne geben und heiß servieren.

****

Gewürzter Tee

Zutaten:

4 Tassen Wasser
3 Teelöffel Tee
1/2 Zimtstange
1/4 Tasse Zucker
5 bis 6 Nelken
Zitronensaft

So wird es gemacht:

☺ Wasser, Zimt und Nelken in einen Topf geben und zum Kochen bringen ➟ Tee dazugeben und ca. 5 Minuten kochen lassen ➟ Teemischung durch ein Sieb geben und in einem Topf auffangen ➟ Zucker und Zitronensaft dazugeben und solange zum Kochen bringen, dabei rühren, bis sich der Zucker aufgelöst ist ➟ heiß servieren.

****